KB268049

세상에 대하여 우리가
더잘 알아야 할 교양

27

글쓴이 소개

글쓴이 **김종덕**

경남대학교 사회학과 교수이며 슬로푸드문화원 이사장으로 활동하고 있습니다. 현대의 먹거리가 시간과 공간의 맥락을 잃은 정체불명의 먹거리라는 인식하에 현존하는 세계 식량 체계와 그 대안인 지역 식량 체계를 연구하고 있습니다. 패스트푸드가 사회 전반에 끼친 영향을 다룬 '맥도날드화'를 우리나라에 소개한 바 있습니다. 먹거리의 생산자와 소비자가 음식문맹자에서 음식시민으로 거듭나도록 사회 교육에도 힘쓰고 있습니다.
지은 책으로 《음식문맹자, 음식시민을 만나다》《비만, 왜 사회 문제가 될까?》《먹을거리 위기와 로컬 푸드》《슬로푸드 슬로라이프》《농업사회학》《원조의 정치경제학》《어린이 먹을거리 구출 대작전》이 있습니다. 옮긴 책으로 《미래를 여는 소비》《맥도날드 그리고 맥도날드화》가 있고 함께 옮긴 책으로는 《슬로푸드 맛있는 혁명》《로컬푸드》《슬로푸드 느리고 맛있는 음식 이야기》 등이 있습니다.

차례

※ 본문의 **굵은 글씨**로 표시된 단어는 105쪽 용어 설명에서 찾아보세요.

지난겨울 지인과 만나기 위해 서울의 한 약속 장소로 가던 중이었습니다. 어떤 건물 앞에 고등학교 학생들이 모여 있는 모습을 보게 됐지요. 이유가 궁금해 살펴보니 그곳은 유명 상표를 취급하는 신발 가게였고 그 줄은 운동화를 사기 위한 줄이었습니다. 명품 운동화를 할인된 가격에 사기 위해 그 추운 겨울 거리에서 학생들은 몇 시간째 서 있었던 겁니다. 명품의 힘이 얼마나 대단한지 실감한 순간이었어요.

그 학생들은 운동화를 사기 위해 어떻게 돈을 마련했을까요? 부모님이 따로 돈을 준 게 아니라면 대부분 자기 용돈을 아끼고 아껴 마련했을 가능성이 큽니다. 자기가 원하는 명품 신발을 위해 먹고 싶은 음식을 참고 또 음식이 비싸면 싼 것으로 배를 채워 가며 모은 돈일 겁니다. 그 정성이 갸륵하기도 합니다. 원하던 신발을 샀으니 신고 다니면서 친구들에게 자랑하면 기분도 좋겠지요? 그 기분 때문에 힘들게 돈을 모은 과정이 하나도 힘들지 않을 수도 있습니다.

명품에 대한 선호는 학생들에게만 있는 건 아닙니다. 우리나라에 도입된 지 얼마 안 되는 아울렛이 성업을 이루는 것도 우리 사회의 명품 선호 현상을 잘 보여 줍니다. 대규모 도매 할인점인 아울렛은 백화점이

나 전문 판매점에서 접할 수 있는 유명 브랜드의 상품을 싼 가격에 살
수 있는 곳입니다.

사람들이 아울렛에서 싼 가격의 명품을 보면 전두엽이 움직인다는
연구 결과도 있습니다. 아울렛에서 쇼핑한 사람들은 집에서 매장까지
가는 시간이 아깝지 않게 여겨진다고도 합니다. 백화점에서 사는 것보
다 저렴하게, 다른 사람보다 싸게 명품을 샀다는 데 만족감과 승리감을
느끼기 때문이라는군요. 사실 아울렛 매장까지 가는 데 들어간 자동차
연료비나 시간을 고려하면 그다지 싼 게 아닌데도 이런 일들이 일상적
으로 일어나고 있습니다.

조금만 생각해 보면 좋은 음식만큼 명품도 없습니다. 명품 운동화나
가방은 없으면 좀 불편하고 자랑거리가 없는 것에 불과하지요. 하지만
음식이 없으면 개개인은 생존이 불가능하고 사회도 유지될 수 없습니
다. 다만 음식은 매일 접하는 것이다 보니 대부분의 사람들이 그 소중함
을 깨닫지 못하는 것이지요.

특히 청소년들이 음식을 소중하게 여기지 않고 쉽게 대하고 있습니
다. 대충 먹어도 당장 건강에 이상이 없고 또 음식의 소중함에 대해 특

별히 배운 기억도 없으니 무리가 아닙니다. 하지만 청소년들일수록 음식에 더 관심을 가져야 합니다. 청소년들의 음식에 대한 무관심과 부실한 식사는 훗날 개인과 사회에 재앙으로 돌아옵니다.

이 책을 통해 청소년들이 음식에 대한 관심을 새로이 했으면 합니다. 음식문맹 상태를 벗어나 음식시민이 되는 데 도움이 되기를 바랍니다. 이 책은 온전한 식생활을 통해 청소년들이 음식시민이 될 것을 제안하고 있습니다.

또 이 책이 계기가 돼 국가 차원에서 청소년을 대상으로 음식문맹을 추방하는 '음식시민 프로젝트'가 시행됐으면 합니다. 개인은 기본적 인권인 식량권을 누릴 권리가 있고 국가는 식량권을 존중하고 보호하고 충족시킬 의무가 있습니다. 음식시민 프로젝트는 특히 청소년들에게 자신의 식량권에 대한 감수성을 길러 줄 것입니다. 이로써 개인들은 건강과 행복을 누리고 사회는 좀 더 지속가능해지길 기대합니다.

2013년 7월 김종덕

들어가며 : 광우병과 슬로푸드 운동

1986년 영국에서 이상한 소들이 나타나기 시작했습니다. 처음엔 체중이 줄고 안절부절못하더니 시간이 흐르면서 난폭한 행동을 보이고 제대로 서지도 못한 채 누워 떨다가 죽는 것이에요. 소의 사체를 부검한 결과 뇌 조직이 녹아 내려 마치 스펀지처럼 구멍이 숭숭 뚫린 기괴한 모습을 보게 됐습니다. 미친 소에게서 나타난다고 해 **광우병**(狂牛病)이라 불리게 된 질병이 처음으로 등장한 순간이었지요. 하지만 당시 사람들은 이 병을 소와 같은 가축에게만 생기는 걸로 생각했습니다.

광우병 파동

1990년대 중반부터 영국에서 이상한 환자들이 발생하기 시작했습니다. 먼저 우울감과 기억력 감퇴를 호소한 뒤 손발을 제대로 움직이지 못하다가 혼수상태에 빠져 사망하는 사례들이 보고된 것이에요.

환자들의 증상만 보면 치매와 비슷했습니다. 하지만 보통의 치매에 비해 20~30대 젊은 환자가 많다는 게 이 병의 특징이었어요. 보건 당국은 환자들 중 몇몇이 소를 기르는 농부였다는 데 주목했습니다. 환자들 모두가 과거 광우병이 발생한 지역의 쇠고기를 10년 이상 먹어 왔다는 점도 조사 대상이었지요.

조사 결과 환자들의 병은 크로이츠펠트-야코프병(CJD)의 변형으로 밝혀졌습니다. 이른바 '인간 광우병'인데 그렇게 불린 이유는 광우병 소가 보인 증상이 인간에게도 그대로 나타났기 때문이에요. 흉하게 구멍이 난 뇌 조직이 대표적이지요. 광우병 공포가 확산되자 영국 정부는 서둘러 쇠고기의 유통을 막고 자국 내 모든 소를 살처분했습니다. 이때 도살된 소가 영국에서만 약 540만 마리에요. 하지만 영국에 이어 유럽의 다른 나라와 미국에서도 광우병 소가 발생하는 등 사태는 걷잡을 수 없이 확산되고 말았지요.

알아두기

크로이츠펠트-야코프병(Creutzfeldt-Jakob Disease, CJD)은 사람에게서 나타나는 대표적인 프리온 질환이다. 프리온은 단백질의 하나로 인간을 포함한 대부분의 동물이 갖고 있다. CJD를 일으키는 건 변형된 프리온이다.

변형 프리온은 단백질인데도 바이러스처럼 전염성이 있어 주변의 정상 프리온을 감염시키는 특징이 있다. 변형 프리온이 동물과 사람의 뇌에 쌓이면 광우병이나 CJD가 발병한다. 신경 세포가 파괴되고 뇌 조직에 스펀지 같은 구멍이 생기는 것이다. 치매, 인격 파괴와 같은 정신 질환과 떨림, 마비와 같은 신경 질환이 이 병의 주요한 특징이다.

CJD는 잠복기가 수십 년이지만 일단 발병하면 1~2년 안에 사망한다. 변형 프리온에 감염된 동물의 고기를 먹거나 감염된 사람의 장기나 피를 이식받으면 전염된다. 도살장이나 실험실 같은 특수한 환경에서는 공기 전파도 가능하다. 현재까지 개발된 치료법은 없다.

산업 논리에 밀린 국민 건강

현재까지 전 세계적으로 변형 CJD로 죽은 사람의 수는 270여 명입니다. 영국 170명, 이스라엘 56명, 프랑스 25명 등이지요. 변형 CJD가 처음 발생한 영국에선 사태의 원인 규명을 위해 2년여에 걸쳐 조사했어요. 소에게서 이상이 발견됐을 때 미리 조치했더라면 인간에게로 병이 옮겨 가는 일은 없었을 테니까요. 무려 10년 가까이 보건 당국이 손을 놓고 있었던 이유가 뭔지 국민들은 궁금해했습니다.

2000년 발표된 조사 보고서는 1980년대 영국 정부가 광우병의 위험을 지나치게 과소평가했다고 결론 내렸습니다. 당시 영국 정부는 광우병 소의 발생보단 그 일로 영국산 쇠고기의 수출길이 막히진 않을지를 더 걱정했다는 것이지요. 실제로 광우병이 본격적으로 문제가 되자 영국산 쇠고기의 수출은 전면 금지됐고 영국 농업도 치명적인 타격을 입었습니다. 하지만 국내외 소비자의 생명과 건강보다 특정 산업의 이익을 더 중시했던 영국 정부의 판단은 두고두고 비판받았지요.

슬로푸드 운동의 등장

영국에서 광우병 소가 처음 보고됐던 1986년, 같은 해 이탈리아에선 **슬로푸드** 운동이 시작됐습니다. 처음에는 유명 패스트푸드 매장이 로마 광장에 들어서는 데 항의하는 소박한 시민운동이었어요. 패스트푸드 기업에 대항한다는 의미로 이름도 슬로푸드라고 지은 것이지요.

하지만 이 운동은 광우병의 충격이 전 세계를 강타하면서 일약 국제적인 관심사로 떠올랐습니다. 초식 동물인 소에게 소와 양의 내장을 갈

아 만든 사료를 먹이다 탈이 난 게 광우병이지요. 소에게 동족의 고기를 먹인 건 단기간에 빨리 키워 생산량을 늘리려는 욕심 때문이었습니다. 광우병은 기업형 축산의 경제 논리와 속도 문화가 낳은 돌연변이인 것이에요.

　사육 기간이 크게 단축된 가축의 고기는 그 자체로 **패스트푸드**라고 할 수 있습니다. 패스트푸드가 꼭 햄버거와 콜라만을 가리키는 건 아니라는 말입니다. 새끼 돼지를 어미로 키우는 데 예전엔 2년이 걸렸지만 요즘은 종자 개량, 육골 사료, 성장 호르몬을 써 7개월 만에 만들어 냅니다. 닭은 자연 방목에서 성계로 키우는 데 6개월에서 1년 정도 소요돼요. 하지만 기업형 축산 방식으로 키우면 같은 무게의 닭을 만드는 데 채 한 달이 걸리지 않지요. 슬로푸드 운동은 시간이 흐르면서 패스트푸드 먹거리 전반에 대한 반성으로 확대 발전했습니다.

광우병 파동은 인간에 의해 발생했고, 사전에 막을 수 있었는데도 막지 못했다는 점에서 명백한 인재(人災)다.

슬로푸드 운동은 현재 전 세계 160여 개 나라에서 10만여 명이 참여하는 세계적인 음식 시민운동입니다. 우리나라도 2007년부터 동참하고 있지요. 슬로푸드 운동의 고민은 작게는 **먹거리**를 통해 개개인의 삶을 질을 향상시키는 데서 크게는 위기에 처한 지구의 생존 문제에 이르기까지 폭넓게 펼쳐져 있습니다.

1

CHAPTER

음식문맹이란 무엇일까요?

음식문맹자에게는 몇 가지 특징이 있습니다. 다른 대상에 비해 음식에 대한 관심이 적습니다. 음식에 대해 알려고 하지 않는 것이지요. 자신이 먹는 음식이 어떤 재료로 만들어졌는지 궁금해하지 않습니다. 생산지와 생산자, 수송, 가공과 조리 과정에도 별 관심이 없습니다.

눈을 감고 지난 일주일 동안 자신이 먹은 음식을 생각해 보세요. 무엇을 먹었는지 잘 기억이 나나요? 그럼 자신이 먹은 음식이 자신의 몸과 건강에 도움이 되는 것이었는지 자문해 보세요. 이런 질문에 자신 있게 답하지 못할 수도 있습니다. 조금은 당황스럽겠지만 여러분의 친구들도 많이 다르진 않을 겁니다. 자신이 먹은 음식의 종류와 그것이 몸과 건강에 어떤 도움이 됐는지 잘 모른다면, 음식문맹자일 가능성이 큽니다.

나도 음식문맹자일까?

음식문맹자에게는 몇 가지 특징이 있습니다. 다른 대상에 비해 음식에 대한 관심이 적습니다. 음식에 대해 알려고 하지 않는 것이지요. 자신이 먹는 음식이 어떤 재료로 만들어졌는지 궁금해하지 않습니다. 생산지와 생산자, 수송, 가공과 조리 과정에도 별 관심이 없습니다.

음식문맹자는 음식의 중요성을 알지 못합니다. 먹는 것이 바로 나 자신이고 음식이 건강, 환경, 사회에 영향을 미친다는 걸 잘 모르지요. 음식문맹자는 음식에 감사하는 마음이 없습니다. 농사를 짓는 사람, 음식을 조리하는 사람에 대해서도 감사하게 생각하지 않습니다. 음식문맹자는 조리할 줄 모릅니다. 조리하는 법을 배우지 못했기 때문에 좋은 식재료가 있어도 맛있는 음식으로 만들지 못하지요.

아래의 항목 중 자신의 식습관에 해당하는 게 몇 개나 되는지 알아봅시다.

- 돈을 다른 데 쓰기 위해 음식에 들어가는 비용을 줄인다.
- 음식에 대한 지출을 줄이기 위해 가급적 싼 음식을 먹는다.
- 음식을 가격으로 판단한다.
- 가족 식사가 갖는 기능과 중요성을 모른다.
- 식사를 대충한다. 식사를 에너지 충전의 시간으로만 여긴다.
- 식사하는 시간을 아까워한다.
- 텔레비전을 보면서 식사한다.

음식문맹자의 태도와 행동

음식문맹자는 음식에 별 관심이 없습니다. 음식은 우리 몸에 직접 들어오기에 다른 상품과는 비교할 수 없을 정도로 중요한데 말이에요. 음식은 우리의 생명을 좌우하지요.

음식문맹자는 음식을 만든 이들의 수고를 생각하지 않습니다. 음식은 많은 사람의 노력으로 만들어집니다. 농민의 수고, 생산지에서 소비지까지 옮기는 사람의 수고, 음식을 만드는 사람의 수고, 음식을 차리고 치우는 사람의 수고 등 많은 사람의 수고로 우린 음식을 먹을 수 있지요. 하지만 음식문맹자들은 이런 이들의 수고를 모르며 설령 안다고 해도 그것을 당연하게 받아들입니다.

음식문맹자는 음식을 낭비하는 경향이 있습니다. 음식을 꼭 필요한 만큼만 사 음식물 쓰레기를 줄여야 하는데, 음식문맹자는 필요 이상으로 많이 구입한 뒤 먹고 남은 건 너무 쉽게 버립니다. 그런 소비에 대해 낭비라고 생각하지 않으며 죄책감도 느끼지 못합니다.

농업에 대한 무지

농업이 없으면 당연히 음식도 없는데도 음식문맹자는 농업과 농민에 대해 생각하지 않습니다. 농업이 우리의 생명을 좌우하는데도 반드시 지켜야 한다는 데 관심이 없어요. 농산물 가격이 오르면 외국에서 싼 먹거리를 수입하는 걸 당연하게 생각합니다. 수입 먹거리가 우리 농민과 농업에 미치는 영향에 대해 고민하지 않습니다.

음식문맹자는 농촌의 실상과 농민의 열악한 사정에도 관심을 두지 않습니다. 농민이 잘살아야 제대로 된 농사가 가능하고 자신도 좋은 음식을 먹을 수 있는데 말입니다. 음식문맹자는 자신이 농민과 이해관계를 같이한다고 생각하지 못합니다.

먹거리에 대한 무지

음식문맹자는 먹거리를 택할 때 자신의 지식이나 기준이 아닌 식품 회사가 주는 정보와 광고에 의존합니다. 자신이 음식을 선택한 것이라 생각하지만 실제로는 식품 기업에게 조종당한 것에 불과하지요.

음식문맹자들은 먹거리를 한꺼번에 잔뜩 사서 냉장고에 재어 놓고 먹는다. 한 번에 많이 사면
가격을 할인해 주는 대형 마트의 정책도 이런 구매 습관을 부추긴다.

비뚤어진 먹거리 구매 습관

음식문맹자는 먹거리를 구매할 때 가격과 편리성에만 관심을 보입니다. 먼저 값이 싼 음식만을 찾지요. 싼 음식이 어떻게 만들어지는지, 그것이 우리 몸에 어떤 영향을 끼치는지 좀체 알려고 하지 않습니다. 이들에겐 싼 음식이 좋은 음식입니다.

음식문맹자는 음식 준비 과정에서도 오로지 편리성만을 추구합니다. 식재료를 사서 처음부터 조리하는 대신 이미 조리 과정을 거친 걸 구매합니다. 가령 생선 매운탕을 만들려면 예전에는 생선을 사서 비늘을 쳐내고 내장을 빼고 몇 도막으로 자른 뒤에 야채와 양념을 넣고 끓여야 했지요. 하지만 요즘엔 미리 조리된 생선 매운탕을 구입해 물을 넣고 끓이

기만 하면 됩니다. 비린내 나는 생선을 손질하지 않아도 되고 준비 시간도 줄었으니 일석이조인 셈이지요. 청소년들에게 인기 있는 피자도 집에서 만들려면 조리 과정도 복잡하고 시간도 많이 들지만 냉동 피자를 이용하면 전자레인지에 넣고 몇 분만 기다리면 됩니다.

음식문맹자들은 귀찮다는 이유로 시장에 자주 가지 않습니다. 가끔씩 시장에 가 한 번에 몰아서 사지요. 음식이 신선할수록 맛있고 영양가가 높다는 사실을 모르는 겁니다. 설령 안다고 해도 편리함을 더 중요하게 여기지요. 대개 음식문맹자들은 먹거리를 잔뜩 사 냉장고에 오랫동안 재어 두고 먹어요. 냉장고에 너무 많은 음식이 있기 때문에 어떤 게 들어 있는지 모를 정도입니다.

식사 시간을 아까워하는 음식문맹자

음식문맹자들은 시간이 없다는 이유로 종종 식사를 거릅니다. 식사가 가장 우선이 되고 그 뒤에 다른 일을 해야 하는데 다른 일을 위해 식사를 하지 않습니다. 식사에 낮은 가치를 두기 때문이지요.

음식문맹자는 식사 때 음식을 대충 먹습니다. 식사를 단지 몸에 필요한 에너지를 채워 넣는 시간으로 여깁니다. 자동차에 연료를 넣듯이 몸속에 에너지원을 넣는다는 생각으로 식사를 하는 거예요.

음식문맹자들은 식사 시간도 짧습니다. 좀 심하게 말하면 음식을 흡입하는 수준이지요. 식사 시간을 아까워하니 다른 일을 하면서 식사를 합니다. 패스트푸드는 손에 들고 먹을 수 있어 컴퓨터 모니터를 보면서, 길을 걸으면서 식사를 합니다.

음식문맹자들은 식사 시간을 아까워한다. 심지어 길을 걸으면서 식사를 한다.

물론 바쁜 현대 사회에서 빨리 간편하게 먹을 수 있는 패스트푸드의 유용성에 대한 옹호도 적진 않습니다. 시간 여유가 있을 때 정상적인 식사를 하고 바쁠 때 간단한 식사를 하는 건 때와 장소에 따른 적절한 선택이란 것이지요. 하지만 패스트푸드로 식사를 대신하는 빈도가 지나치게 늘고 있는 건 분명 문제입니다.

식료품비를 아까워하는 습관

일상생활에서 우린 음식을 경시하는 '의식주(衣食住)'라는 말을 자주 사용합니다. 의식주라는 표현에는 음식보다 옷을 앞세우는 인식이 전제돼 있습니다. 실제 생활에서도 옷을 음식보다 더 중요하게 여기지요.

옷에 들어가는 돈은 아깝게 여기지 않는데 음식을 먹는 데 쓰는 돈은 아까워합니다.

음식문맹자는 생활비에서 먹는 데 쓰는 비용을 최소로 합니다. 음식이 아닌 상품에 대해서는 가격이 비싸도 망설이지 않고 구입하면서 식재료나 음식을 살 땐 하나하나 값을 따집니다. 자신의 건강과 농민에 미치는 영향에 대해선 거의 고려하지 않지요.

물론 음식을 선택할 때 가격에 구애받지 않는 게 모든 계층의 사람들에게 가능하느냐는 반론도 있습니다. 소득 수준이 워낙 낮아 음식에 들어가는 비용을 줄여야 하는 사람들도 분명 있으니까요. 이를 위해 빈곤층에게 먹거리 보조금을 지급하거나 식품 가격을 더 낮게 받는 등의 해법을 생각해 볼 수 있습니다. 나쁜 음식에 의존하는 게 가난 때문이라면 그건 개인보다 사회에게 더 큰 책임을 물어야 하지요.

전문가 의견

부유하든 가난하든 일반적으로 먹는 데 쓰는 돈은 전체 소득의 11~12%밖에 되지 않는다. 나머지는 최신 휴대 전화를 사거나 차를 구입하는 등 물건을 사는 데 쓴다. 나는 다른 데 들어가는 소비를 줄이고 먹을 것에 더 많이 투자하라고 권하고 싶다. 좋은 먹거리를 찾는 데 돈을 아끼면 훗날 약값으로 더 많은 돈이 나가게 된다.

– 국제 슬로푸드 협회장 카를로 페트리니

음식문맹, 누구의 책임일까?

음식 없이는 제대로 활동할 수 없고 살 수도 없습니다. 그런데도 음식문맹자들은 자신이 먹는 음식에 관심이 없습니다. 음식을 잘못 먹거나 부실하게 먹으면 자기 몸에 탈이 나는데도 말이에요.

이렇게 편리함만을 추구하며 식사를 대충하는 건 무엇보다 개인의 책임이 가장 큽니다. 다른 사람이 음식을 대신 먹어줄 순 없는 노릇이니까요. 음식을 먹는 주체는 어디까지나 당사자 개인입니다.

사회 구조적 문제

하지만 오늘날 많은 사람들이 음식문맹이 된 데는 개인의 책임으로만 보기 어려운 부분도 있습니다. 우선 오늘날 음식은 보통의 개인이 생산과 가공 과정을 제대로 파악하기 어렵게 돼 있지요. 과거에 음식은 먹는 사람과 가까운 곳에서 생산과 조리가 이뤄졌습니다. 자신이 먹는 음식의 재료를 누가 어디에서 생산했는지, 어떻게 조리했는지 알 수가 있었어요.

하지만 오늘날에는 그렇지 않습니다. 대부분의 먹거리가 소비자에게서 멀리 떨어진 곳에서 생산되고 가공돼요. 소비자로선 음식의 생산자와 생산 과정을 아는 게 매우 어렵습니다. 또 예전에는 음식이 주로 가정에서 만들어졌는데 오늘날에는 상당 부분 가정 밖에서 복잡한 과정을 거쳐 만들어집니다. 재료도 알 수 없는 걸 쓰고 첨가물도 알 수 없는 게 수없이 들어가니 우리가 먹는 게 정확히 무엇인지 알기 어렵게 됐습니다.

2008년 광우병 촛불 집회 모습. 국가가 수입 먹거리의 안전성에 대해 국민들에게 확신을 주지 못하면 여론은 들끓을 수밖에 없다.

한때 사회적 이슈가 됐던 광우병 소에 대해서도 비슷한 이야기를 할 수 있습니다. 소비자의 입장에서 볼 때 수입산 쇠고기가 광우병에 안전한지를 확인할 방법이 없었던 게 문제였지요. 광우병 인자는 눈으로 확인할 수 있는 게 아니기 때문입니다.

사라지는 조리 수업

음식문맹자들은 대개 음식을 만들 줄 모릅니다. 하지만 조리 기술을 가진 사람들이 줄어든 것도 꼭 개인 탓만은 아니에요. 조리 기술을 배우고 싶어도 배울 기회가 없는 게 현실이니까요. 음식을 스스로 해 먹을 필요가 줄면서 가정에서 부모가 자녀에게 조리 기술을 가르치는 풍경을

학교의 조리 수업 모습. 조리 교육은 청소년들이 음식문맹이 되는 걸 막는 가장 쉽고도 확실한 방법이다.

보기 어렵게 됐습니다. 조리를 배울 시간에 입시나 취업 공부를 하길 바라는 것이지요.

같은 이유에서 학교에서도 조리 수업이 줄어들고 있습니다. 학부모와 학생들이 입시 위주의 수업을 원하고 학교가 그런 요구를 받아들이고 있기 때문이에요. 조리 기술을 익히는 게 예전에는 당연한 일이었지만 오늘날에는 퍽 특별한 과정이 됐습니다. 조리 기술도 이제 몇몇 사람이 직업적으로 선택하는 일이 된 것이지요. 조리 기술이 없는 사람은 타인이 만든 음식에 의존할 수밖에 없습니다.

간추려 보기

- 음식에 관심이 없으면서 제대로 알려고 하지도 않는다면 음식문맹일 가능성이 크다.
- 음식문맹자는 식사 시간을 아까워한다. 텔레비전이나 컴퓨터 모니터를 보면서, 심지어 길을 걸으면서 식사를 한다.
- 의식주라는 표현에는 음식보다 옷을 앞세우는 인식이 전제돼 있다.
- 국가는 국민들에게 안전한 먹거리를 제공할 의무가 있다.
- 오늘날 가정과 학교 현장에서 조리 교육이 사라지고 있다.

2
CHAPTER

음식문맹을 낳는 음식

현대인들이 음식문맹이 되는 가장 중요한 요인은 사실 음식 자체에 있습니다. 수입 먹거리, 가공식품, 패스트푸드, 유전자 조작 식품은 생산과 유통 과정이 너무 복잡해 사람들이 쉽게 정체를 알기 어렵습니다. 자신이 먹는 음식 정보에 어두울수록 음식문맹자로 전락할 가능성도 커지지요.

현대인들이 음식문맹이 되는 가장 중요한 요인은 사실 음식 자체에 있습니다. 수입 먹거리, 가공식품, 패스트푸드, **유전자 조작 식품**은 생산과 유통 과정이 너무 복잡해 사람들이 쉽게 정체를 알기 어렵습니다. 자신이 먹는 음식 정보에 어두울수록 음식문맹자로 전락할 가능성도 커지지요.

낮은 곡물 자급률

2011년 기준 우리나라의 곡물 자급률은 22퍼센트 정도입니다. 도시 국가를 제외하면 전 세계에서 우리나라의 곡물 자급률이 가장 낮지요. 그중 콩은 자급률이 8.8퍼센트, 밀은 자급률이 2퍼센트가 채 안 됩니다. 쇠고기, 채소, 과일의 수입도 점점 늘어나고 있어요. 수입 먹거리가 없다면 우린 밥상도 제대로 차릴 수 없는 딱한 처지에 놓여 있는 것입니다. 심지어 조상에게 제사 지내는 음식도 다른 나라에서 수입한 재료로 만든 게 많습니다.

농업 기반도 점차 약화되고 있어 앞으론 지금보다도 수입 먹거리의 비중이 더 커질까 걱정입니다. 하지만 농업을 지켜 식량 자급률을 높이자는 주장에 대해선 작은 것에 집착해 큰 것을 놓치는 처사라는 비판도 많습니다. 우리나라는 공산품을 수출해 먹고사는 처지인데 몇몇 농산물의 수입을 막으려다 더 큰 것을 잃을 수도 있다는 걱정이지요.

자유 무역 협정(FTA)은 개방과 국제화를 통해 한국 경제의 성장 모멘텀을 확충하기 위한 전략이다.

– 부총리 겸 재정경제부 장관 권오규

한미 FTA를 저지하지 못한다면 광우병 쇠고기, 유전자 조작 콩, 칼로스 쌀을 우리 가족이 먹어야 할 것이다.

– 민주노총 경기본부장 이상무

수입 먹거리

수입 먹거리는 정체를 알기 쉽지 않아 사람들을 음식문맹으로 만듭니다. 수입 먹거리는 생산지에서 소비지까지의 거리를 뜻하는 **푸드 마일리지**(food mileage)가 깁니다. 생산자와 소비자가 멀리 떨어져 있다는 말이지요. 소비자가 생산 현장을 방문하는 것도, 생산자를 직접 만나는 것도 거의 불가능합니다. 소비자의 입장에서 보면 수입 먹거리는 마치 생산자와 생산 과정이 숨겨져 있는 것과 같다고 말할 수 있어요. 또한 소비자가 농업에 대해 생각을 하지 않게 만들고 생산 과정에 영향력을 행사하지 못하게 하지요.

수입 먹거리의 대부분은 먹는 사람의 건강이 아닌 이윤을 쫓아 생산됩니다. 이런 먹거리를 생산하는 이들은 최종 소비자보단 중간 판매상의 요구를 더 반영하기 마련이지요. 유통업자, 가공업자 등도 소비자의 건강과 안전보단 이윤을 더 중시합니다. 시장 경쟁에서 살아남기 위해 건강에 문제가 있는 식재료, 유전자 조작 종자로 생산한 식재료도 아무 거리낌 없이 사용합니다.

수입 먹거리는 가격이 싼 게 특징인데 싼 음식도 사람들을 음식문맹이 되게 만듭니다. 수입 먹거리는 **규모의 경제** 효과를 누리기 위해 단일

우리나라의 곡물 자급률은 매우 낮은 수준이다. 수입 농산물이 없으면 제사상도 제대로 차릴 수 없는 지경에 와 있다.

연도	한국	일본	영국	프랑스
2001년	5,172	5,807	–	–
2003년	3,456	5,671	2,365	777
2007년	5,121	5,642	2,584	869

출처 : 환경과학원, 2009년

경작으로 재배되는 경우가 많습니다. 한 번에 같은 작물을 많이 재배하면 생산 과정에서 번거로운 일이 줄어들어 비용도 낮아지지요. 생산량을 늘리기 위해 재배 과정에서 비료와 농약도 많이 사용합니다. 이렇게 대량 생산된 먹거리는 세계 시장에서 싼 가격에 판매되지요.

저렴해진 먹거리 가격은 음식문맹을 불러옵니다. 음식 값이 싸서 쉽게 구할 수 있으면 음식에 대해 관심도 줄어들지요. 음식을 확보하는 일이 그리 어렵지 않기 때문입니다.

가공식품

수많은 가공식품이 시장에서 유통되고 있습니다. 라면 하나만 보더라도 엄청나게 많은 종류가 팔리고 있지요. 라면을 구입하는 사람들은 자신이 좋아하는 라면을 스스로 고른다고 생각할 것입니다.

하지만 이게 정말 자유로운 선택인지 생각해 볼 일입니다. 대부분의 라면은 이름만 다를 뿐 내용물에 있어서는 별반 차이가 없기 때문이에요. 이에 대해 세계적인 문화 인류학자인 시드니 민츠는 "사람들은 음식 선택과 관련해 선택의 자유라는 허위의식을 가지고 있다."라고 지적

시장에는 수많은 라면 상품이 나와 있다. 하지만 대부분의 라면에는 수입 밀가루, 정제염, 각종 첨가물이 비슷하게 들어가 있어 맛만 조금씩 다를 뿐 영양상으로는 거의 동일하다.

한 바 있습니다.

식품 기업들은 가급적 싼 재료를 이용해 가공식품을 만듭니다. 시장 경쟁에서 살아남기 위해서지요. 보기 좋게 색깔, 맛, 모양을 내고 보존 기간을 늘리려고 각종 색소와 첨가물을 씁니다. 가공식품의 성분 구성은 아주 복잡해서 소비자들로서는 구체적인 내역을 알기 어렵습니다.

가공식품의 성분 표시

가공식품이 어떻게 음식문맹을 가져올까요? 보통의 음식은 한두 가지 주재료에 양념을 넣는 정도라 구성을 알기 쉬운 편입니다. 반면 가공식품에는 정말 수많은 재료가 사용됩니다. 식재료는 개수만 많은 게 아니라 복잡한 과정을 거쳐 변형된 것들이기도 하지요. 인공 첨가물도 많이 들어갑니다. 식품 영양 지식이 없는 일반 소비자들은 무엇이 좋고 그렇지 않은 것인지 알기 어렵습니다.

식품 기업들은 법에서 정한 대로 가공식품에 성분 표시를 하는데, 현행 표시 방법은 되레 소비자가 음식문맹이 되는 데 일조합니다. 식품 기업들은 가공식품에 관해 극히 일부의 정보만을 소비자에게 알리고 있어요. 예컨대 원산지에 대해선 나라 이름 정도만 공지하는 수준이지요. 어떤 방식으로 생산되고 수송되는지 전혀 밝히지 않아 소비자가 알 도리가 없습니다.

식품 기업들은 식품 정보도 산업 기밀이나 영업 비밀의 하나로 보호

식품 성분 표시는 대개 작은 글씨로, 잘 보이지 않는 위치에 표기돼 있다. 크고 눈에 잘 띄게 처리되는 광고 문구와 비교된다.

대상이라고 주장합니다. 기업으로선 정보가 공개될수록 손해니 법이 공개를 강제하는 최소한의 정보만을 제공하는 것이지요. 사정이 이러니 소비자들이 가공식품에 대해 알려고 해도 어려운 겁니다.

표기 규정도 모호합니다. 가령 지방이 함유돼 있는데도 무지방(fat free) 표시를 써 지방이 없는 제품인 것처럼 소비자가 착각하게 만듭니다. 방부제 표기와 관련해선 방부제가 있는지 없는지 밝히지 않고 단지 성분명만 표기하고 있어요. 이름만 읽고 그게 방부제인지 **식품 첨가물**인지 알 수 있는 소비자가 현실적으로 거의 없는데도 말이지요.

패스트푸드

패스트푸드는 특히 청소년들이 즐겨 찾는 음식입니다. 가격도 저렴하고 맛있고 매장도 곳곳에 있어 쉽게 접근할 수 있기 때문이지요. 청소년들이 좋아하는 유명 연예인을 등장시킨 광고도 흔히 볼 수 있어요.

패스트푸드는 손으로 먹을 수 있어 손가락 음식(finger food)이라고 불리기도 합니다. 인스턴트식품도 패스트푸드라고 할 수 있습니다.

패스트푸드는 바쁜 현대인에게 매력적인 음식입니다. 'fast food'라는 의미 그대로 빨리 식사를 해결할 수 있으니 현대인에겐 맞춤형 음식이라고 할 수 있지요. 조리를 하지 않아도 되고 설거지를 할 필요도 없습니다. 다른 일을 하면서도 식사할 수 있고 빠른 식사가 가능해 시간도 절약할 수 있지요. 패스트푸드는 거대 다국적 기업을 통해 전 세계 어느 매장을 가도 맛이 표준화돼 있어 낯선 외국에서 손쉽게 끼니를 해결하는 방편이 되기도 합니다.

패스트푸드 산업에는 '7F'라는 표현이 있습니다. 패스트푸드의 특징을 잘 보여 주지요.

Family	패스트푸드는 가족이 함께하는 식사에 적당하다.
Fast	주문, 식사, 설거지가 짧은 시간에 이뤄진다.
Fried	튀김 음식이 많다. 미리 준비하고 가져가기 좋다.
Filling	약간의 노력과 지출로 많은 걸 얻었다는 느낌을 준다.
Fresh	위생 관리가 잘 되는 것으로 여겨진다.
Fantasy	패스트푸드 가게의 건축, 실내 장식, 음식 포장이 현대적 판타지를 제공한다.
Fordism	자동차 산업처럼 소품종 대량 생산 방식을 택하고 있다.
Franchising	가맹점을 모집해 위탁 운영한다.

전문가 의견

현재 지구에서 생산되는 먹거리의 양은 120억 명 분이다. 세계 인구가 70억 명이니 절반 가까이가 버려지는 셈이다. 그런데도 10억 명은 굶고 17억 명은 너무 먹어 병이 났다. 먹거리의 분배와 질 향상이 원활히 이뤄지지 않기 때문이다. 햄버거 같은 패스트푸드는 동양인들에게 사실 더 치명적이다. 1,000년 가까이 섬유질이 풍부한 식단을 유지해 온 동양인들은 지방질이 높은 음식에 익숙하지 않아 훨씬 더 심각한 문제를 유발한다.

— 국제 슬로푸드 협회장 카를로 페트리니

패스트푸드와 음식문맹

패스트푸드가 주는 편리함은 사람들을 음식문맹으로 만듭니다. 일단 패스트푸드는 음식 준비, 식사, 설거지가 간단합니다. 시간과 노력을 적게 들이고도 음식을 마련할 수 있고 식사하고 설거지할 수 있지요. 이런 편리함에 한 번 길들여진 사람들은 수고로운 일을 자청하려 들지 않습니다.

패스트푸드는 조리의 필요성을 줄이고 조리 기술을 무용지물로 만듭니다. 패스트푸드는 조리가 필요하지 않거나 조리 과정을 크게 줄인 음식입니다. 바로 먹거나 전자레인지에 데워 바로 먹을 수 있습니다. 조리법을 모르는 사람도 음식을 먹는 데 큰 문제가 없지요.

패스트푸드가 가정에 유입되고 냉장고에 채워지면서 가정에서도 패스트푸드 식사가 대세가 됐습니다. 가정에서조차 조리가 필요 없어진 시대가 된 것이지요. 주택에서 부엌의 기능이 약해진 게 좋은 방증입니다. "부엌은 인테리어입니다."라는 요즘 아파트 광고는 이런 세태를 잘 반영하고 있어요.

유전자 조작 작물

서로 다른 동식물 간에 유전자를 재조합해 새 품종을 만드는 걸 '유전자 변형' 또는 '유전자 조작'이라고 부릅니다. 미국은 중립적인 '유전자 변형'이란 표현을, 유럽은 부정적 인식이 반영된 '유전자 조작'이란 표현을 사용하지요.

유전자 조작 작물(GMO, Genetically Modified Organism)이 세상에 출

현한 지도 벌써 30년 가까이 됐습니다. 1983년 담배에 다른 생물의 유전자를 이식하는 데 성공한 게 유전자 조작의 시작이지요. 1996년부터는 상업적 목적으로 GMO가 재배되기 시작했습니다. 토마토, 감자, 유채, 콩, 해바라기, 담배 등이 GMO로 많이 재배됩니다. 이 중에서도 가장 널리 이용되는 건 콩입니다. GMO 콩은 동물 사료나 가공식품의 원료로 쓰이는 윤활유로 소비됩니다.

미국은 아무런 규제 없이 유전자 조작을 장려·지원하고 있습니다. 수십만 명의 시민들이 GMO 식품에 대해 의무 표시제를 청원했지만 받아들여지지 않았습니다. 반면 유럽 대부분의 국가들은 GMO 식품의 안전성을 우려해 규제를 강화하고 있습니다.

한 과학자의 손에 자연 상태에서 재배된 사과와 GMO 사과가 각각 들려 있다. 크기와 색상 모두 월등하게 차이가 난다.

사례탐구 종자 터미네이터 기술

'종자 터미네이터'는 미국 농무부와 농업 기업인 몬산토 사가 보유 중인 GMO 기술이다. 이 기술이 적용된 종자는 처음 한 번은 싹이 트지만 그것을 통해 수확한 종자는 파종해도 발아하지 않는다. 두 번째부터는 종자를 파괴하는 단백질이 작동하도록 만들어져 있기 때문이다. 터미네이터 (terminator)란 '종결하는 자'라는 뜻으로 스스로 종자를 파괴하는 특성을 빗댄 표현이다.

종자 회사의 주 고객층은 농민이다. 문제는 농민들이 처음 파종할 종자를 구할 땐 종자 회사에서 구입하지만 그다음부턴 직접 수확한 작물에서 확보하려고 한다는 점이다. 그렇게 되면 해당 종자는 더는 팔리지 않게 되고 종자 회사로선 종자를 개발하는 데 들어간 비용을 회수하기 어렵게 된다.

농업 기업들은 지적 재산권의 하나인 GMO 종자를 보호하기 위해 터미네이터 기술의 사용이 필수적이라고 주장한다. 하지만 특정 기업이 농업 시장 전체를 지배할 수도 있기에 GMO 사용을 지지하는 사람들조차 터미네이터 기술의 사용에는 우려를 나타내고 있다.

미국 정부와 몬산토 사에 항의하는 시위대 모습. GMO 기술은 현대 사회에서 가장 뜨거운 감자 중 하나다.

순위	국가	재배 면적 (100만 ha)	GMO 재배 면적 비율(%)
1	미국	66.8	45.1
2	브라질	25.4	17.2
3	아르헨티나	22.9	15.5
4	인도	9.4	6.3
5	캐나다	8.8	5.9
6	중국	3.5	2.4
7	파라과이	2.6	1.7
8	파키스탄	2.4	1.6
9	남아프리카공화국	2.2	1.5
10	우루과이	1.1	0.7

출처 : 농업 생명 공학 응용을 위한 국제 서비스, 〈GMO 재배 동향에 대한 보고서〉, 2010년

21세기 들어 전체 농산물 중 GMO가 차지하는 비중은 더욱 늘어났습니다. 가령 우리나라 사람들이 발효 식품으로 많이 먹는 콩은 전 세계 공급량의 80퍼센트가 GMO 종자를 통해 생산되고 있습니다. 그런데 2011년 기준 우리나라의 콩 자급률은 채 9퍼센트에도 미치지 못했지요. 단순하게 추산한다고 해도 우리나라가 한 해 소비하는 콩의 약 73퍼센트가 GMO라고 할 수 있습니다.

GMO의 효용과 안전성 논란

유전자 재조합은 자연에서 일어나는 교배와는 성격이 완전히 다릅니다. 교배는 자연스러운 과정이지만 유전자 조작은 인공적이지요. 자연에서는 결코 일어날 수 없는 결합이라도 유전자를 조작하면 가능합니

다. 쉽게 설명하자면 가지에 코끼리 유전자를 넣어 코끼리 다리만큼 큰 가지를 만들려고 하는 게 GMO 기술입니다.

GMO 이용을 지지하는 사람들은 유전자 조작을 통해 식품 산업에서 여러 비약적인 진전을 이룰 수 있다고 주장합니다. 유전자를 이리저리 조작해 알레르기를 유발하는 식품을 비(非) 알레르기 식품으로 바꾸려는 게 좋은 예지요. '황금 쌀(golden rice)'처럼 쌀에 부족한 비타민 A를 첨가해 쌀을 보다 영양가 있고 매력적인 상품으로 만들 수도 있다고 합니다.

바나나에 소아마비 백신을, 토마토에 간염 백신을 넣으려는 시도도 있습니다. 이른바 병 고치는 작물이라 불리는 '백신 작물'이에요. 우리

GMO 사용에 반대하는 시위대 모습. 현재의 과학 기술로는 GMO가 완전히 안전한지 아닌지를 판단하기 어렵다.

나라도 농촌 진흥청을 중심으로 많은 과학자들이 백신 작물을 개발하는 데 심혈을 기울이고 있습니다. 달갑잖은 주사를 맞을 필요 없이 식탁에서 그냥 음식을 골라 먹기만 하면 쉽게 면역을 얻을 수 있는 세상이 올지도 모릅니다.

그럼에도 GMO는 안전성 논란에서 벗어나지 못하고 있습니다. 가령 GMO는 슈퍼 잡초의 등장을 불러올 수 있어요. 제초제에 내성을 갖도록 개발된 GMO 때문에 잡초도 내성을 기를 수 있거든요. GMO에서 나온 꽃가루가 정상적인 다른 작물과 접촉할 때 예상치 못했던 변이가 발생할 수도 있습니다.

2012년 프랑스 캉 대학교 연구진이 2년 동안 쥐 200마리에게 GMO 옥수수를 먹인 결과 대부분의 쥐에서 종양이 발생하고 장기가 손상된

찬성 VS 반대

식품 DNA는 인체에 영향을 미치지 않는다. 호랑이가 토끼를 잡아먹는다고 토끼처럼 순해지는가?

– 세종대학교 식품공학과 교수 경규항

GMO 식품은 과학 기술에 의해 만들어진 것인데 과학 기술에 의한 문제는 시간이 지나면서 나타난다. 현재의 과학 수준으론 GMO가 안전한지 여부를 판단할 수 없으므로 나중을 대비해 철저를 기해야 한다.

– 원광대학교 법학과 교수 김은진

모습이 관찰된 바 있습니다. 전체 쥐 중 4분의 3이 종양에 걸렸고 일부 종양은 탁구공만큼 커져 쥐 몸무게의 25퍼센트에 달하기까지 했다는 것이지요. GMO의 위험성을 보여 준 극적인 예라고 할 수 있습니다.

GMO와 음식문맹

GMO 식품은 음식문맹을 가져옵니다. 우선 GMO는 내용이 복잡해 전문가가 아닌 한 무엇이 문제인지도 이해하기 쉽지 않습니다. 유전자 조작 업체들은 GMO 식품의 장점에 대해 홍보합니다. 일반 식품과 차이가 없으며 안전성에도 문제가 없다고 강조하지요. 많은 사람들이 이런 홍보를 무비판적으로 받아들입니다. 굳이 그것에 대해 문제를 제기할 생각을 하지 않는 것입니다.

> ### 알아두기
>
> 한국 생명 공학 연구원이 발표한 GMO 주요 통계에 따르면 GMO 농산물의 국내 수입 규모가 2012년에 26억 7,000만 달러(784만 톤)에 달한 걸로 나타났다. GMO의 안전성에 대한 우려는 높아지고 있지만 수입량은 줄지 않고 있다.

간추려 보기

- 우리나라의 곡물 자급률은 22%로 세계 다른 나라들과 비교해 봐도 가장 낮은 수준이다.
- 푸드 마일리지는 생산지에서 소비지까지의 거리를 뜻한다. 푸드 마일리지가 길면 길수록 소비자는 자신이 먹는 식품을 누가 어디서 어떻게 생산했는지 알기 어려워진다.
- 우리의 현행 식품 표시 규정은 소비자들의 알 권리를 충분히 보장하지 못하고 있다.
- 패스트푸드는 조리, 식사, 설거지가 빠르고 간단해 바쁜 현대인들에게 인기가 많다.
- GMO의 안전성에 대한 논쟁은 현재 진행형이다.

3

음식문맹을 낳는 식사

음식문맹은 식사 습관과도 관련이 깊습니다. 음식문맹이 부실한 식사를 야기하지만 반대로 부실한 식사가 음식문맹을 초래하기도 하지요. 어떤 식사 습관이 사람들에게서 좋은 음식을 멀어지게 하고 음식을 가볍게 여기게 만드는지 알아봅시다.

음식문맹은 식사 습관과도 관련이 깊습니다. 음식문맹이 부실한 식사를 야기하지만 반대로 부실한 식사가 음식문맹을 초래하기도 하지요. 어떤 식사 습관이 사람들에게서 좋은 음식을 멀어지게 하고 음식을 가볍게 여기게 만드는지 알아봅시다.

가족 식사의 감소

오늘날 가족이 함께하는 아침 식사가 많이 줄었습니다. 출근과 등교 시간에 쫓겨 식사를 준비하지 못하고 또 준비된 식사마저 하지 못하는 일이 벌어지고 있습니다. 가족이 함께하는 저녁 식사도 줄긴 마찬가지입니다. 직장인들은 잦은 야근과 회식 때문에, 학생들은 방과 후 학원에 가야 하기 때문이지요. 불과 얼마 전까지만 해도 식구들이 다 함께 모여 저녁 식사를 하는 게 일반적인 모습이었어요. 하지만 요즘엔 뭔가 특별한 일이 있어야 가족이 모일 수 있습니다.

한국인의 영양 상태를 조사한 한 보고서에 따르면 아침에 가족 식사를 하는 비율이 2005년 62.9퍼센트에서 2010년 54.7퍼센트로 낮아졌다고 합니다. 저녁에 가족 식사를 하는 비율도 2005년 76퍼센트에서 2010년 68퍼센트로 떨어졌고요. 5년 동안 가족 식사는 아침과 저녁 모두 8퍼센트 정도 감소했고 계속해서 줄어드는 추세입니다.

가족 식사가 감소한 가장 주된 요인으로 식생활 패턴의 변화를 들 수 있습니다. 외식 증가, 청소년의 패스트푸드 선호, 노년층의 웰빙 먹거리 추구 등이지요. 하지만 노동 시간대가 변해 아침에 일하는 사람이 늘고 여성의 경제 활동 증가로 가사 노동이 축소된 것도 한 요인으로 꼽힙니다.

식구의 의미

식사는 가장 중요한 가족 활동입니다. 가족을 지칭하는 다른 표현인

가족이 함께하는 식사는 음식문맹을 예방하는 데 있어 가장 중요한 요소다.

▌ 아래의 표는 2005~2010년 우리나라 가족 식사의 증감을 보여 준다.

	아침 가족 식사(%)					저녁 가족 식사(%)				
	2005년	2007년	2008년	2009년	2010년	2005년	2007년	2008년	2009년	2010년
전체	62.9	56.3	58.6	57.5	54.7	76.0	68.3	68.8	68.1	68.0
남자	61.4	54.6	57.3	56.2	51.9	75.3	65.5	66.5	66.4	65.4
여자	64.4	58.6	60.6	59.3	58.0	76.7	71.7	71.7	70.3	71.0

출처 : 환경과학원, 2009년

식구(食口)는 '한집에 함께 살며 끼니를 같이하는 사람'이란 뜻을 가지고 있습니다. 가족 식사는 음식을 중심으로 가족을 모이게 하고 가족이 하나가 되게 하는 장이지요. 가족 구성원들은 함께 식사하면서 서로 간의 유대를 유지합니다. 가족의 연속성과 관련해 제사도 무척 중요한 의식인데, 제사에서도 중심은 음식이지요.

가족 식사의 감소는 음식문맹을 낳습니다. 가족 식사는 다른 어떤 식사보다도 먹는 이에 대한 배려가 강조됩니다. 음식을 만드는 사람은 가족의 건강을 생각하면서 만듭니다. 좋아하는 음식은 무엇인지, 지금 나이에 맞는 음식은 무엇인지, 몸에 좋은 음식은 무엇인지 하나하나 고려하며 음식을 만들지요. 음식을 먹는 사람은 이런 배려와 수고에 감사함을 느끼게 됩니다.

가족 식사가 줄고 외식의 비중이 늘면서 음식에 대해 감사하는 마음도 줄었습니다. 쉽게 구할 수 있는 대신 먹는 이에 대한 배려가 없는 음식에 사람들이 감사하는 마음을 가질 이유가 없으니까요. 가족끼리 식사하는 횟수가 줄면서 가정 안에서 조리 기술의 필요성도 함께 줄었습니다.

나 홀로 식사와 음식문맹

근래 들어 나 홀로 식사가 늘고 있습니다. 혼자 식사하는 비율은 2004년 47.7퍼센트에서 2009년 50.6퍼센트로 5년간 2.9퍼센트 늘었지요. 같은 기간 남자는 47.6퍼센트에서 51.3퍼센트로 3.7퍼센트 늘었고 여자는 47.8퍼센트에서 49.9퍼센트로 2.1퍼센트 늘었습니다.

나 홀로 식사가 느는 건 가족 식사의 감소, 홀로 사는 1인 가구의 증가 등과 관련 있습니다. 현재 1인 가구의 비중은 2인 가구나 3인 가구보다 많습니다. 지금도 네 가구 중 한 가구가 1인 가구이며 앞으로 1인 가구의 수는 더욱 늘어날 전망입니다.

혼자 하는 식사는 음식문맹을 부릅니다. 혼자서 밥을 먹는 경우엔 설령 집에서 하는 식사더라도 식사 준비를 제대로 하지 않는 경향이 있습니다. 일단 1인분 음식을 조리하는 데는 비용 측면에서 경제적이지 않지요. 음식을 준비하는 시간도 혼자 먹는 걸 고려하면 퍽 많이 듭니다.

이런 나 홀로 식사는 대충 허기만 때우는 식으로 흐를 가능성이 큽니다. 간식 위주의 식사가 되기 쉽지요. 과자, 패스트푸드, 인스턴트식품 같은 걸로 배를 채우는 겁니다. 간식 위주의 식사는 준비가 간편해 식사 시간을 줄이는 데도 유리합니다.

혼자 식사하는 사람들은 식사 시간을 별도로 두지 않는 경우가 많습니다. 대개 다른 일을 하면서 겸사겸사 식사를 하지요. 나 홀로 식사는 식사가 갖는 사회적 상호 작용이 전혀 없습니다. 나 홀로 식사는 가족이 함께하는 식사에 비해 음식의 질은 낮아지고 식사의 사회적 의미는 퇴색됩니다.

알아두기

현재 우리나라의 하루 1회 이상 외식 비율은 2009년 24.5%, 2010년 26.1%다. 전체 인구 네 명 중 한 명 이상이 매일 외식을 하는 셈이다. 성별로 보면 하루 1회 이상 외식 비율이 남자는 2009년 33.2%, 2010년 35.6%이고 여자는 2009년 15.5%, 2010년 16.2%로 여자보다 남자의 외식 의존율이 높다.

길거리 음식에 의존하는 건 젊은 층에서 더 쉽게 찾아볼 수 있는 현상이다. 연령별 외식 비율을 보면 19~29세가 2009년 40.4%, 2010년 42%로 가장 높다. 12~18세가 2009년 33.2%, 2010년 38.4%로 그 뒤를 따르고 있다.

외식과 음식문맹

근래 들어 가족, 친구, 직장 동료와 함께하는 외식이 늘고 있습니다. 그중에서도 가족과 함께하는 외식이 빠르게 느는 추세입니다. 이른바 '패밀리 레스토랑'이 성업 중인 게 그 방증이지요. 대부분의 직장인들은 점심시간에 외식을 합니다. 저녁에도 회식이라는 명목으로 외식 자리를 갖습니다.

외식을 위해 식당을 찾은 사람들은 대개 메뉴는 꼼꼼히 고르는 편입니다. 하지만 식재료나 조리법까지 따지는 경우는 많지 않아요. 우리나라도 식재료의 원산지 표시 제도를 시행하고 있지만 이것만으로는 주재료의 원산지밖에 알 수 없습니다. 부재료와 첨가물에 대해선 여전히 알 길이 없는 셈이지요. 외식은 사람들이 자신이 먹는 음식에 대해 잘 모르게 만듭니다.

길거리 음식의 대표 주자라면 단연 떡볶이와 튀김이다. 핫도그나 어묵도 사람들이 즐겨 찾는 길거리 음식이다. 길거리 음식은 저렴하면서도 빠르고 간편하게 먹을 수 있어 인기가 많다.

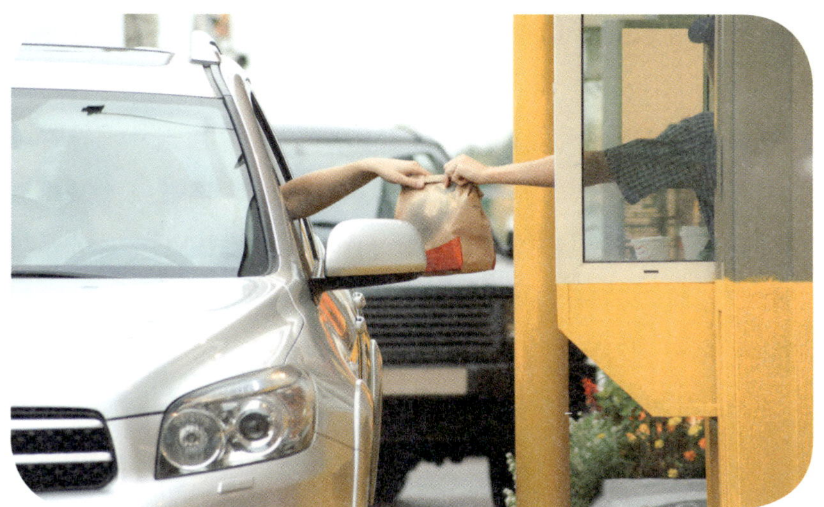

패스트푸드 업체들은 빠른 식사를 위해 '드라이브 스루(drive thru)'라는 주문 시스템을 운영하고 있다. 일반적인 음식점처럼 차에서 내려 음식을 주문해서 먹고 다시 차로 돌아오는 게 아니다. 차에 탄 채 주문하고 음식을 받고 다시 운전하면서 음식을 먹는 것이다.

빠른 식사와 음식문맹

현대인의 삶을 묘사할 때 빼놓을 수 없는 특징이 바로 속도입니다. 빨라진 사회 흐름에 맞춰 식사 시간을 줄이라는 사회적 압력이 참 거세지요. 이를 반영해 빠른 식사가 대세가 되고 있어요. 식사 시간을 줄이려는 움직임은 우리만이 아닌 전 세계적인 추세입니다. 천천히 식사하기로 유명한 프랑스에서조차 패스트푸드에 대한 인기가 높아지고 있습니다. 빨리 먹을 수 있기 때문이지요.

이런 사회적 요구에 발맞춰 식품 기업들은 빠른 식사를 가능케 하는 상품을 내놓고 있습니다. 음식을 준비하는 데 시간이 들지 않고, 간편하게 빨리 먹을 수 있고, 먹고 난 뒤 설거지할 필요도 없는 음식을 내놓고 있어요.

빠른 식사가 하나의 문화로 자리 잡으면서 사람들은 식사 시간도 아깝게 여기게 됐습니다. 그래서 다른 일을 하면서 식사하거나 식사를 하면서 다른 일을 합니다. 운전하면서 식사하거나 텔레비전을 보면서 식사합니다. 텔레비전을 보면서 식사를 하면 두 가지 일을 동시에 하는 것입니다. 결국 식사는 다른 일과 같은 또 하나의 일에 불과해지지요. 그렇게 사회적 기능을 상실한 식사는 음식문맹을 가져옵니다.

간추려 보기

- 식구는 한집에 함께 살며 끼니를 같이하는 사람이란 뜻이다. 가족 식사는 음식을 중심으로 가족을 하나가 되게 하는 장이다.
- 나 홀로 식사가 늘고 있다. 혼자 하는 식사는 식사 준비가 부실해지기 쉬워 음식문맹으로 전락할 우려가 있다.
- 우리나라에서도 외식 비율이 점차 늘고 있다. 특히 12~29세의 젊은 층 비율이 매우 높다.
- 빠른 식사를 요구하는 건 이제 전 세계적인 추세다. 패스트푸드의 세계적인 인기와도 무관하지 않다.

4

CHAPTER

음식문맹은
어떤 피해를 불러올까요?

음식과 관련해 분명한 사실은 음식이 우리 몸에 거짓말을 하지 않는다는 겁니다. 좋은 음식을 먹었는데 건강이 나빠질 순 없고 나쁜 음식을 먹었는데 건강해질 순 없다는 말이지요. 이처럼 음식은 신체와 정신에 중요한 영향을 미치는데도 많은 사람들이 그 사실을 제대로 깨닫지 못하고 있습니다.

음식과 관련해 분명한 사실은 음식이 우리 몸에 거짓말을 하지 않는다는 겁니다. 좋은 음식을 먹었는데 건강이 나빠질 순 없고 나쁜 음식을 먹었는데 건강해질 순 없다는 말이지요. 이처럼 음식은 신체와 정신에 중요한 영향을 미치는데도 많은 사람들이 그 사실을 제대로 깨닫지 못하고 있습니다.

개인적 차원의 피해

나쁜 음식으로 병을 얻으면 의료비 등으로 돈이 들어갑니다. 젊었을 때 나쁜 음식으로 몸에 탈이 나면 나이가 들어 바로잡는 데 많은 시간과 노력이 필요하지요. 아플 때 당사자와 가족이 겪을 고통은 이루 말할 수 없어요. 방금 전 여러분이 먹은 음식은 지금 당장 여러분의 생명은 물론 훗날 태어날 자녀의 생명과 건강에도 크나큰 영향을 끼칠 수 있답니다.

유전적 악영향

농약, **성장 호르몬**, 방부제가 잔류돼 있는 음식을 지속적으로 섭취하면 반드시 건강에 이상이 생깁니다. 그리고 좋지 않은 음식이 주는 영향은 먹는 사람 자신에게만 그치는 게 아니에요. 오랜 기간 나쁜 음식을 섭취한 사람들에게선 건강이나 발육이 부실한 자녀가 태어날 가능성이 높거든요.

한 연구에 따르면 농약이 잔류된 음식은 본인은 물론 이후 3대에 이르기까지 부정적인 영향을 끼친다고 합니다. 그렇지 않아도 우리나라는 낮은 출산율로 걱정이 큰데요. 새로 태어날 아이들의 건강에 문제가 생긴다면 국가적으로도 크나큰 재앙이 될 수 있습니다.

장수 국가인 일본에서도 손꼽히는 장수 지역이었던 일본 오키나와 현. 하지만 주민들의 식습관이 변하면서 과거의 명성이 많이 바랬다.

중독

음식문맹자들은 강한 맛의 패스트푸드에 중독되기 쉽습니다. 콜라 중독은 주변에서 쉽게 볼 수 있는 패스트푸드 중독의 좋은 예지요. 이들 음식엔 인공 첨가물이 많이 들어 있어 이미 강한 맛에 길들여진 소비자들의 기호에 잘 맞거든요. 우리나라에서 사용되는 식품 첨가물만 종류가 641종이나 됩니다. 이런 첨가물이 든 음식을 먹는 소비자들의 정신과 건강에는 문제가 생길 수 있지요.

비만

음식문맹자들이 즐겨 먹는 패스트푸드는 비만의 주범이기도 합니다. 패스트푸드는 영양은 부족하지만 열량이 높아 비만의 원인으로 지목되고 있어요. 선진국은 물론 개발 도상국에서도 점차 패스트푸드 섭취가 늘면서 비만 인구도 덩달아 늘고 있습니다.

패스트푸드에 의한 비만으로 평균 수명도 줄고 있습니다. 일본 오키나와 현은 장수 국가인 일본에서도 손꼽히는 장수촌이었습니다. 하지만 오키나와에 미군 부대가 주둔하고 미군의 영향을 받아 주민들의 식생활도 패스트푸드 위주로 바뀌면서 평균 수명도 줄었습니다.

특히 아동과 청소년 시기의 비만은 성인 비만보다 더 치명적인 것으로 밝혀지고 있습니다. 아동 비만은 성인 비만으로 직결되고 합병증도 더 많이 가져오기 때문이지요. 미국에서는 역사상 처음으로 자녀 세대의 평균 수명이 부모 세대의 평균 수명보다 짧은 시대가 도래할 것이란 우려가 나오고 있어요.

하지만 패스트푸드와 비만과의 관계에 대해 반론도 만만찮게 제기되
고 있습니다. 비만이 전적으로 패스트푸드 때문은 아니라는 논리지요.
패스트푸드가 문제가 아니라 많이 먹는 게 문제라는 것입니다. 그 어떤

미국 캘리포니아 주립 대학교의 연구 결과 흰 빵, 햄버거, 소시지, 감자튀김, 쿠키, 단맛이 나는
스낵, 탄산음료 등으로 구성된 교도소 식단이 재소자들의 폭력성을 높이는 것으로 나타났다.

먹거리라도 많이 먹으면 살찌는 게 당연한데 그걸 패스트푸드 탓이라고 몰아가는 건 부당하다는 것입니다.

비행과 폭력성

패스트푸드 식사는 학업 성적 저하, 거친 언행, 행동 장애를 가져옵니다. 영국에서 진행된 연구에 의하면 패스트푸드 식사는 학교 수업에 집중하지 못하게 해 성적 저하를 부른다고 합니다. 설탕이 많은 패스트푸드는 조급증의 원인이 될 수 있고 **주의력 결핍 과잉 행동 장애**(ADHD)

패스트푸드에는 어마어마한 양의 설탕이 들어 있다. 우리가 흔히 마시는 콜라에는 용량별로 각설탕이 10개에서 무려 60여 개까지 들어 있다. 좀 심하게 말하면 우린 콜라를 마실 때 수십 개의 각설탕 뭉치를 마신다고도 할 수 있다.

와도 관련이 있는 것으로 나타나고 있습니다.

패스트푸드는 폭력적인 언어와 행동을 야기한다는 연구 결과도 있습니다. 미국에서 교도소 재소자를 대상으로 한 연구에 따르면 평소 패스트푸드를 즐기는 재소자들은 그렇지 않은 재소자들에 비해 언행이 폭력적인 것으로 나타났습니다. 그래서 패스트푸드 식단을 건강한 식단으로 바꾸었더니 재소자들의 물리적·언어적 폭력이 눈에 띄게 줄었다는 것이지요.

사회적 차원의 피해

패스트푸드를 즐기는 사람들이 늘면서 패스트푸드 업체도 빠른 속도로 증가하고 있습니다. 패스트푸드나 인스턴트식품을 자주 소비하는 건 일종의 사회적 투표 행위가 됩니다. 패스트푸드나 인스턴트식품을 더 많이 생산해 달라는 신호가 되기 때문이에요.

20여 년 전 중국에 진출한 맥도날드는 조만간 중국 내 매장 수를 2,000개로 늘릴 예정이다. 중국의 패스트푸드 시장은 연간 3조 달러 규모로 매년 10% 이상의 고속 성장을 구가하고 있다.

　이윤을 추구하는 식품 기업들은 식품 생산과 소비에서 소비자의 건강이나 안전을 고려하지 않습니다. 오늘날 몇몇 다국적 식품 기업은 세계 시장에서 높은 점유율을 누리며 점점 더 지배력을 키워 가고 있습니다. 맥도날드는 전 세계 150여 개 국가에 3만 개 이상의 매장을 보유하고 있지요. 패스트푸드 소비가 늘면서 패스트푸드 산업은 더욱 성장했고 다시 더 많은 사람들이 패스트푸드에 의존하게 되는 악순환의 고리가 만들어지고 있습니다. 패스트푸드는 오늘날 지배적인 음식 문화가 되고 말았습니다.

▌ 아래의 표는 패스트푸드가 많이 팔리는 국가와 1인당 연간 소비액을 보여 준다.

순위	나라	판매액(달러)	인구(100만 명)	1인당 연간 소비액(달러)
1	미국	148,612,900,000	302.2	492.0
2	일본	13,875,100,000	128.0	108.0
3	캐나다	12,709,900,000	32.9	387.0
4	영국	12,062,400,000	60.6	199.0
5	중국	9,765,000,000	1,300.0	7.4
6	한국	9,249,100,000	49.0	189.0
7	독일	7,376,900,000	82.3	89.6
8	호주	5,685,300,000	20.4	279.0
9	브라질	4,967,300,000	189.0	26.3
10	인도	4,914,700,000	1,100.0	4.3

출처 : 유로모니터, 2004년

공공 보건비 증가

음식문맹자들의 식생활은 국가 재정에도 부담을 줍니다. 비만과 관련된 질병을 치료하는 데 투입되는 공공 의료비 때문이지요. 시간이 흐르면서 선진국, 개발 도상국 할 것 없이 국가 예산에서 보건비가 차지하는 비중이 늘고 있습니다.

노동력의 질 저하

비만과 질병에 따른 노동의 질 저하도 큰 사회 문제입니다. 중증 비만자들은 대개 일을 하지 못해 사회 전체의 노동력을 감소시킵니다. 심해지면 노동력 부족 현상이 올 수도 있지요. 미국의 경우 노동자들이 1년에 내는 병가가 평균 3일인데 반해, 뚱뚱한 사람들은 6일을 내며 특히 비만 여성은 8일을 쉰다고 합니다.

중증 비만자들은 대개 소득이 없거나 있다고 해도 낮아 공공복지의 수혜 대상이 될 가능성이 큽니다. 비만자가 늘면 국가가 부담해야 할 복지 비용도 눈덩이처럼 늘기 쉽습니다.

이처럼 패스트푸드가 야기하는 비만은 개인을 넘어 사회 전체에 큰 부담을 안겨 줍니다. 미국 정부가 비만과의 전쟁을 선포한 일이나 영국

패스트푸드는 단시간에 맛을 내기 위해 대부분 튀기거나 볶는 조리법을 사용하므로 지방 함량이 높다. 또한 나트륨을 많이 함유하고 있다. 이런 패스트푸드를 즐겨 먹으면 체중이 증가하고 고지혈증, 지방간, 동맥경화 등 성인병이 발생할 수 있다.

정부가 장관급 비만 관리 부서를 두고 있는 건 비만에 따르는 사회적 비용을 줄이기 위한 적극적인 조치로 볼 수 있습니다. 2011년 덴마크는 세계 최초로 지방이 많이 함유된 식품에 대해 **비만세**(fat tax)를 부과한 바 있답니다.

패스트푸드, 탄산음료 같은 고열량·저영양 식품에 대해 비만세를 부과할 필요가 있다. 그렇게 확보된 세수입은 국민 건강을 증진하는 데 사용할 수 있다.

– 국회의원 문대성

재정 적자가 심각한 미국과 유럽에서 세수입 확대 방안으로 비만세가 논의되는 건 사실이다. 하지만 진정 비만 예방을 바란다면 성별·연령별 맞춤 프로그램을 개발, 보급하려는 노력이 더 필요하다.

– 기획재정부 대외경제총괄과장 조원경

타격받는 지역 농업

음식문맹은 지역 농업에도 나쁜 영향을 끼칩니다. 음식문맹자들이 좋아하는 패스트푸드나 인스턴트식품은 대부분 수입 식재료로 만들어집니다. 수입하는 양만큼 우리의 지역 농산물은 팔리지 않게 되지요.

농민들은 경제적으로 더 궁핍해지고 농촌을 떠나는 경우도 왕왕 발생합니다.

농촌에서 도시로 이동한 농민들은 상당수가 일자리를 갖지 못한 채 도시 빈민층으로 전락합니다. 이들을 먹여 살리기 위해 도시의 복지 부담은 늘어나지요. 같은 시기 농촌에서도 문제가 발생합니다. 빈집이 늘고 마을이 텅 비고 지역 학교와 기관이 문을 닫습니다. 농촌이 텅 비는데 국토 균형 발전이 가능할 리 없습니다. 도시는 인구 과밀로 고통받고 농촌은 인구 공동화로 고통받는 모순적인 현상이 초래됩니다.

가족농의 감소

농촌 인구가 줄면서 지역 특성에 맞는 소규모 가족 영농도 감소하고 있습니다. 가족농은 대규모 기업농에 비해 친환경적인 성격을 가지고 있습니다. 과거 농가에서 소규모로 가축을 기를 땐 가축의 분뇨도 농사에 유용하게 쓰이는 거름이었지요. 하지만 오늘날 기업형 축산에서 생기는 막대한 양의 분뇨는 땅과 물을 오염시킬 뿐입니다. 가족농의 감소는 친환경 농업의 위기로 직결됩니다.

가족농이 줄면 오랫동안 전수돼 온 지역의 영농 기술과 영농 문화가 사라집니다. 지역 고유의 정체성도 흐려지지요. 각 지역을 대표하는 음식이 줄고 있는 게 그 방증입니다. 지역 음식의 소멸은 곧 지역 음식 문화의 소멸을 의미합니다. 음식이 없는데 음식 문화가 있을 순 없으니까요. 음식과 관련된 우리의 문화 키워드는 나눔, 정, 배려인데 이런 소중한 무형의 문화가 사라지고 있습니다.

지구 온난화

패스트푸드에 사용되는 식재료는 생산 과정에서 화석 연료를 많이 소모합니다. 가령 온실에서 작물을 속성 재배할 때면 높은 실내 온도를 유지하기 위해 막대한 양의 석유가 들어가지요. 달걀을 단기간에 생산하기 위해 하루에 여러 번 양계장의 불을 밝힐 때도 귀중한 전기 에너지가 사용됩니다. 전기 에너지도 석탄, 석유 등 화석 연료를 태워 얻는 것이니 모두 지구 온난화의 원인이 됩니다. 화석 연료를 태울 때 나오는 이산화탄소가 지구 온난화를 야기하니까요.

패스트푸드 제품에는 쇠고기가 많이 사용됩니다. 햄버거를 떠올려 보세요. 그런데 패스트푸드 소비가 늘면서 쇠고기 증산을 위해 열대 우림을 개간하는 일이 잦아지고 있습니다. 소를 키우는 목초지를 확보하기 위해서지요. '지구의 허파'라고 불리는 열대 우림이 줄면서 온난화의 한 원인이 되고 있습니다.

공장형 축산에서 생기는 분뇨도 지구 온난화를 야기합니다. 가령 소의 배설물에서 방출되는 **메탄가스**는 같은 무게의 이산화탄소보다 온실 효과가 무려 25배나 강한 것으로 알려져 있습니다.

패스트푸드는 유통 과정에서도 **지구 온난화**를 유발합니다. 생산지에서 소비지까지의 거리가 멀어 수송할 때 화석 연료가 많이 쓰이기 때문이지요. 푸드 마일리지가 길수록 지구 온난화도 더 심각하게 일으킨다는 뜻입니다.

쓰레기로 인한 환경 오염

패스트푸드 산업은 특성상 일정 규격에 맞는 농산물만 사용합니다. 가령 감자튀김은 길이가 일정 수준 이상이 돼야 하기 때문에 작은 크기의 감자는 사용하지 않습니다. 사용되지 않는 식재료는 대부분 버려짐

한 번 쓰고 버려지는 일회용 용기들. 패스트푸드의 소비 증대는 일회용품 쓰레기가 양산되는 가장 큰 요인이다.

니다. 패스트푸드 식사는 식사 뒤에 음식이 남았을 때도 다음 식사를 위해 음식을 남기지 않고 대부분 그 자리에서 버립니다. 그만큼 음식물 쓰레기가 느는 것이지요.

패스트푸드 매장에서 사용하는 일회용품도 환경 오염을 유발합니다. 햄버거 포장지, 감자튀김 봉투, 음료수용 종이컵과 빨대, 포장 케첩, 냅킨이 엄청난 양의 쓰레기를 양산합니다. 대부분의 나라에서 재활용을 강제하거나 권장하지 않아 패스트푸드로 인한 환경 피해가 점점 커지고 있지요.

농약 사용으로 인한 환경 오염

제초제는 잡초를 없앨 때 사용하는 농약입니다. 하지만 토양 속의 미생물과 곤충도 함께 죽여 문제가 되지요. 제초제가 근처의 강이나 호수로 들어간다면 어류도 피해를 입습니다. 수확량을 늘리기 위해 농가에서 흔히 사용하는 화학 비료는 흙을 산성으로 만듭니다. 생물학자 레이첼 카슨은 이미 50여 년 전 농약 사용에 따른 가공할 만한 생명의 파멸을 《침묵의 봄》이라는 책을 통해 경고한 바 있습니다. 하지만 지금도 달라진 건 거의 없어요.

간추려 보기

- 패스트푸드에 의한 개인적 피해로는 자녀 세대에 주는 유전적 악영향, 중독, 비만, 폭력적 언행 등을 들 수 있다.
- 패스트푸드에 의한 사회적 피해로는 공공 의료비 증가, 지역 농업 약화, 가족농의 감소, 지구 온난화, 환경 오염 등을 들 수 있다.
- 패스트푸드 섭취에 따른 비만과 질병으로 우리 사회가 부담해야 할 의료 비용이 늘고 있다.
- 패스트푸드는 조급증과 주의력 결핍 과잉 행동 장애의 한 원인으로 지목되고 있다.
- 푸드 마일리지가 길수록 지구 온난화도 더 유발한다.

5

CHAPTER

음식시민이 되기 위해 무엇을 해야 할까요?

현대인들은 농업에 관심이 없습니다. 농업을 단지 농민들만의 문제로 보는 것이지요. 음식시민들은 농업에 관심을 가집니다. 농업의 현실을 직시하면 자신이 먹는 먹거리의 문제도 볼 수 있어요. 먹거리 문제를 해결하려면 우리의 농업 현실이 바뀌어야 한다는 걸 깨닫게 됩니다.

음식시민(food citizen)이 되면 개인적으로도 사회적으로도 좋은 점이 많습니다. 개인적 차원에서 음식시민의 이점은 건강하고 온전한 식생활을 향유할 수 있다는 겁니다. 사회적 차원에서의 이점은 환경과 지역 농업을 살리는 데 기여할 수 있다는 것이지요. 그렇다면 어떻게 해야 음식시민이 될 수 있을까요?

음식시민은 다음과 같이 정의할 수 있습니다.

- 음식에 대해 관심이 큽니다.
- 음식에 대한 지식을 가지고 있습니다.
- 음식에 대해 능동적으로 성찰합니다.
- 음식의 생산, 가공, 유통, 소비 과정에 적극적으로 개입합니다.
- 조리 기술을 가지고 있어 직접 음식을 만듭니다.
- 지속가능한 식생활을 합니다.

자신이 먹는 음식에 관심을 갖자

음식시민이 되려면 음식에 관심을 가져야 합니다. 일부러라도 음식 관련 지식을 많이 접해야 하지요. 주변에서 음식 관련 공부를 할 수 있는 매체를 찾아보세요. 가장 먼저 책을 들 수 있습니다. 현대 음식이 갖고 있는 문제와 대안을 제시한 책을 보면 많은 도움이 됩니다. 음식 관련 영화나 다큐멘터리를 시청하는 것도 좋습니다. 가령 대안 먹거리를 다룬 국내외 다큐멘터리에는 배울 게 참 많답니다.

평소 자신이 먹는 음식을 기록하는 것도 음식에 관심을 갖는 데 좋은 방법입니다. 자신의 식생활을 매일 기록하면 언제 뭘 어떻게 먹는지 식생활 패턴을 파악할 수 있습니다. 온전한 식생활을 위해 무엇이 더 필요

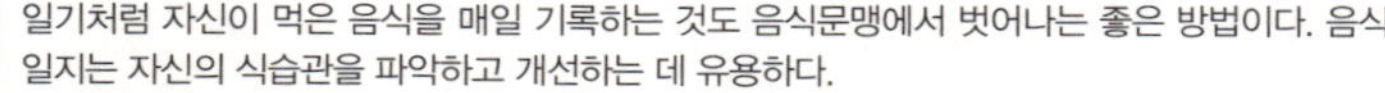

일기처럼 자신이 먹은 음식을 매일 기록하는 것도 음식문맹에서 벗어나는 좋은 방법이다. 음식 일지는 자신의 식습관을 파악하고 개선하는 데 유용하다.

한지 반성과 개선의 자료로 쓸 수 있지요.

음식을 가치로 이해하자

음식을 가격이 아닌 가치로 접근하는 자세가 필요합니다. 음식을 가치로 생각할 때야 비로소 자신이 먹는 음식을 중요하게 여기고 관심을 가질 수 있습니다.

일상생활에서도 의식주라는 표현을 '식의주(食衣住)'로 바꿔 써야 합니다. 언어는 의식을 반영합니다. 식의주라는 표현에는 음식을 옷이나 집보다 더 중시하는 사고방식이 깔려 있지요. 일상생활부터 음식이 가장 우선(food first)이 되는 삶의 자세가 필요합니다.

▌ 가격으로서의 음식과 가치로서의 음식 비교

음식을 가격으로 판단할 때	음식을 가치로 판단할 때
값이 싼 게 중요하다	몸에 좋은 게 중요하다
음식은 상품, 교환의 대상	음식은 상품 이상, 존중과 감사의 대상
이윤을 추구한다	먹는 이를 배려한다
스토리텔링이 없다	스토리텔링이 있다
음식은 중요하지 않다(의식주)	음식은 우선적으로 중요하다(식의주)
소품종 대량 생산(단작 재배)	다품종 소량 생산(윤작, 혼작 재배)
패스트푸드	슬로푸드
음식문맹자	음식시민

출처 : 《음식문맹자, 음식시민을 만나다》, 김종덕, 2012년

농업과 식량 문제에 관심을 갖자

현대인들은 농업에 관심이 없습니다. 농업을 단지 농민들만의 문제로 보는 것이지요. 음식시민들은 농업에 관심을 가집니다. 농업의 현실을 직시하면 자신이 먹는 먹거리의 문제도 볼 수 있어요. 먹거리 문제를 해결하려면 우리의 농업 현실이 바뀌어야 한다는 걸 깨닫게 됩니다.

식량권 문제

음식시민이 되기 위해선 **식량권** 문제에 주목할 필요가 있습니다. 식량권은 국제연합(UN)이 공표한 기본 인권입니다. 인간이라면 누구나 제대로 된 음식을 먹을 권리가 있습니다. 그리고 국가는 시민들의 식량권을 존중하고 보호하고 충족시켜야 할 의무가 있지요. 식량권에 대해

> 국제연합은 인권 선언 25조에서 식량권을 제시했다. 그리고 국제 규약 11조에서 "국가는 모든 사람들이 기아로부터 벗어날 수 있도록 식량권을 인정하고, 개별적으로 또는 국제 협력을 통해 필요한 모든 조치를 취해야 한다."라고 명시했다.

공부하면서 자신이 제대로 된 음식을 먹고 있는지, 국가는 시민들의 식량권을 제대로 보장해 주고 있는지 문제의식을 갖게 됩니다.

공장형 사육 문제

공장형 사육이 확산되면서 동물 복지가 화두가 되고 있습니다. 자연 방목으로 키우는 닭은 하루에 약 1.5킬로미터를 돌아다닙니다. 반면 닭장 속의 닭은 A4 용지 정도의 공간에서 제대로 움직이지도 못한 채 일생을 보내지요. 우리에선 종종 부리가 잘린 닭들도 볼 수 있는데요. 좁은 공간에서 스트레스를 받아 서로 쪼아 죽이는 걸 막기 위해 미리 부리를 자른 겁니다.

돼지도 이빨과 꼬리가 잘린 채 사육됩니다. 스트레스로 예민해지면 서로의 꼬리를 물어뜯는다는 이유에서지요. 소는 쇠고기 중 가장 맛이 좋다는 꽃등심 생산을 위해 운동량과 물 공급이 제한된 채 비만으로 사육됩니다. 이런 극단적인 환경에서 사육되다가 조류 독감이나 구제역이라도 발생하면 병과 연관된 모든 가축들이 **살처분**되지요.

최근 언론과 동물 보호 단체들이 공장형 사육의 문제점을 세상에 알리면서 변화의 움직임이 일고 있습니다. 유럽에서는 공장형 사육을 금지하는 추세고 우리나라도 몇몇 지방 자치 단체를 중심으로 공장형 사육으로 생산된 고기를 학교 급식에 쓰지 못하게 하는 조례를 추진 중에 있지요. 엄청난 스트레스를 받으며 사육된 동물의 고기가 과연 우리 몸에 좋을지도 고민해 볼 필요가 있습니다.

고개만 내민 채 모이를 먹는 닭들은 하나의 생명체라기보단 고기와 달걀을 생산하는 기계에 가깝다. 자연 상태의 닭이 7~25년을 사는 데 비해 육계는 불과 35일 만에 도축된다. 공장형 사육은 육류의 가격을 낮추는 데 크게 기여했지만 그 과정에서 사육되는 동물의 권리는 극단적으로 침해되고 있다.

가족 식사를 소중히 여기자

음식시민은 가족 식사를 중시하고 일부러라도 가족이 함께 식사하려고 노력합니다. 외식을 줄이고 길거리 음식을 먹는 걸 삼갑니다. 외식과 가족 식사의 빈도는 정확히 반비례하니까요. 가족 구성원이 집 안에서 각자 식사하는 일도 줄여야 합니다. 가족 식사의 핵심은 모두 함께하는 겁니다.

집에서 아침 식사를 먹을 수 있도록 청소년을 배려하는 사회 분위기가 필요합니다. 0교시 수업의 문제는 이제 더 말할 게 없습니다. 한 시간 더 공부시키는 게 아침밥보다 중요하다고 믿는 사회 풍토는 바뀌어야 합니다.

가족 식사와 관련해 이른바 '저녁이 있는 삶'에도 관심을 가질 필요가 있습니다. 아침 식사 못지않게 중요한 게 가족이 다 모여 갖는 저녁 식사인데요. 야근이나 회식으로 가족이 모두 모여 저녁을 먹는 가정이 많이 줄었습니다. 회식이 잦은 우리의 직장 문화도 개선할 필요가 있는 것이지요.

밥상머리 교육

가족이 함께 장을 보고 음식을 장만하는 건 구성원 각자에게 매우 소중한 경험입니다. 식사 시간은 가족 공동의 관심사를 나누는 장이 돼야 합니다. 가족 식사는 가족을 통합하는 기능을 갖지요. 식탁 예절과 밥상머리 교육은 가족 식사 때가 아니면 배우기 어렵습니다. 식사 중에 지켜야 할 예절은 무엇이며, 밥 한 알이 얼마나 중요한지, 편식은 왜 나쁜지 가르치고 배울 수 있어야 합니다.

조리 기술을 배우자

조리는 인류의 역사와 함께 발전해 온 생명 기술입니다. 조리 기술을 갖게 되면 음식에 대한 생각과 태도가 달라지지요. 직접 음식을 만들어 먹으니 인스턴트식품에 의존하는 게 줄어듭니다. 식재료를 보면 조리하려는 마음이 생기고 좋은 먹거리를 구하기 위해 열심히 장을 보게 됩니다. 자신만의 음식 스토리를 갖게 되고 직접 만든 음식에 자부심도 생기지요.

조리는 평생 기술이기에 한 번 배우면 죽을 때까지 쓸 수 있습니다. 어렸을 때 부모로부터 조리 기술을 배우는 게 가장 좋습니다. 부모한테 조리를 배우면 집의 맛을 전수받을 수 있으니까요. 부모와 함께 음식을 만들며 음식의 맛을 기억하게 됩니다.

영농을 체험하자

영농 체험은 먹거리 생산 현장을 직접 대면한다는 점에서 중요합니다. 도시 학생들은 농촌과 농업에 대해 잘 알지 못하지요. 심지어 농촌에 사는 학생들도 요즘엔 그런 경우가 적지 않아요.

농민들을 직접 만나 대화를 나누고 실제 농민의 수고를 경험하면서 학생들은 그간 먹어 온 먹거리가 어떻게 생산됐는지 알 수 있습니다. 각종 농작물의 모습, 특징, 재배 환경도 알 수 있지요. 영농 체험은 농업의 중요성, 안전한 먹거리에 대한 고민, 농민에 대한 감사를 배우는 계기가 됩니다.

푸드 여행

푸드 여행이란 특정 음식으로 유명한 곳에 가 해당 지역의 음식 스토리를 듣고 음식을 먹어 보는 것입니다. 먹거리 생산자에게서 생산 과정과 생산물에 대한 이야기를 직접 듣는 것이지요. 지역과 함께 지역 음식을 체험하는 과정이라고 말할 수 있습니다. 단순히 음식을 맛보러 다니는 식도락 여행이 아니지요.

슬로푸드도 훌륭한 수업 주제가 될 수 있다. 사단 법인 슬로푸드문화원에서 지난 몇 년간 경기도 남양주 시의 지원을 받아 청소년 슬로푸드 조리 교실을 열고 있다. 조리 수업에 참여한 학생들은 생각과 행동에서 모두 의미 있는 변화를 보였다.

가장 먼저 패스트푸드 소비가 많이 줄었다. 학생들은 보다 건강한 먹거리를 찾기 시작했다. 음식에 대한 관심이 늘어난 건 물론 학교 수업에도 전보다 적극적인 모습을 보여 줬다. 친구, 선생님들과의 관계가 좋아진 것이나 주변 사람들을 배려하는 행동이 늘어난 건 특히 주목할 만하다. 몇몇 학생들은 먹거리 생산의 중요성을 깨달아 장래 희망을 농어민으로 바꾸기도 했다.

슬로푸드 수업에 참여하는 남양주 시 학생들. 음식을 조리하면서 어떤 학생은 학교생활 중에 겪었던 고민의 해법을 찾았고 다른 학생은 건강한 먹거리를 만드는 일을 꿈꾸게 됐다(슬로푸드문화원 사진 제공).

  푸드 여행을 통해 음식을 만드는 데 지역의 식재료가 얼마나 중요한지 깨닫게 됩니다. 지역의 땅, 물, 공기, 햇빛, 동식물 하나하나가 모두 음식에 반영된다는 사실을 배울 수 있습니다.

농민 시장 탐방

  근래 들어 우리나라에서도 농민 시장이 많이 활성화되고 있습니다. 농민 시장이란 농민들이 직접 운영하는 농산물 유통 시장으로 농민과 소비자가 직접 거래할 수 있는 장터지요. 농민 시장에 가면 인근 농민들이 생산한 제철, 지역 농산물을 접할 수 있어요. 부모님이나 친구들과 함께 근처 농민 시장을 둘러보는 것만으로도 먹거리에 관심을 갖는 데 큰 도움이 됩니다.

학교 텃밭

  학교 텃밭을 통해 농업에서 땅의 중요성을 배울 수 있습니다. 파종을 하면서 종자의 중요성을 배우고 농사에서 물, 공기, 햇볕이 중요하다는 사실도 배우게 되지요. 직접 작물을 기르면 농사가 쉬운 일이 아니며 그간 먹었던 먹거리가 모두 그런 지난한 과정을 거친 산물임을 깨닫게 됩니다.

  학교 텃밭에서 학생들은 생명의 신비함과 경이로움에 대해 배웁니다. 농작물도 사람처럼 관심을 받으면 받을수록 더 잘 자란다는 놀라운 사실을 체험할 수 있습니다. 자신이 키우는 작물이 끊임없이 돌봐야 하는 생명체이며 돌본 만큼 큰다는 사실을 경험하는 것이지요.

텃밭 체험은 자신과 다른 사람의 생명에 대해 생각하는 계기도 만들어 줍니다. 이와 관련해 미국 교도소에서 수행된 한 흥미로운 실험 결과가 있습니다. 실험에서 한 재소자 집단에겐 농사를 짓도록 하고 다른 재소자 집단에겐 목공일을 하게 했지요. 목공일을 한 쪽은 이후 재범률이 평균과 크게 다르지 않았는데 영농을 체험한 재소자들은 놀랍게도 재범을 거의 저지르지 않았다고 합니다. 영농을 통해 생명의 소중함을 배웠기 때문으로 해석됩니다.

학교 텃밭에서 수확한 농작물은 조리할 때도 더 관심을 기울이게 됩니다. 자신이 직접 땀 흘려 수확한 것이니 관심이 가는 건 당연하지요. 자신의 수확물로 만든 음식인 만큼 평소 먹지 않던 것도 먹게 돼 편식을

▌한 학교의 텃밭 모습. 생명을 돌보며 생명의 가치를 배운 아이들은 음식시민으로 자라난다.

바로잡는 데도 기여합니다. 학교 텃밭은 학생들이 작물 재배에서 수확, 조리, 식사에 이르기까지 자신만의 먹거리 스토리를 만드는 데 최적의 환경을 제공합니다.

음식 운동에 참여하자

음식 운동이란 우리의 식생활에서 개선할 점을 찾아내 변화시키고자 하는 사회적 움직임입니다. 목적에 따라 채식 운동, 슬로푸드 운동, 로컬 푸드 운동, 빈 그릇 운동 등이 있습니다.

채식 운동

채식 운동은 지나친 육류 소비에 대한 반성에서 생겨났습니다. 채식 주의는 스펙트럼이 무척 넓어 닭이나 생선 정도는 먹는 부류에서 육식

채식주의자를 위한 피자. 고기 대신 각종 야채로 맛을 낸다

을 전혀 하지 않는 부류에 이르기까지 다양합니다. 채식을 하는 이유도 동물 권리 보호에서 건강이나 경제적인 이유에 이르기까지 가지각색이지요. 채식 운동에 참여하게 되면 육류 소비를 조장하는 현대 음식 문화의 문제점을 깨닫고 대안을 모색하게 됩니다. 육식의 문제, 공장형 사육이 야기하는 문제 등이 채식 운동가들의 주된 고민 대상이지요.

알아두기

채식주의란 개념은 고대 인도와 그리스에서 처음으로 출현했다. 오늘날에도 인도는 전 세계 채식주의자의 70% 이상을 차지하고 있다. 채식주의 유형은 크게 아래와 같다.

- 락토 베지테리언(lacto vegetarian) 고기와 동물의 알은 먹지 않지만 유제품은 먹는다. 인도와 지중해 연안의 나라에서 흔하다.
- 락토 오보 베지테리언(lacto ovo vegetarian) 고기는 먹지 않지만 유제품과 동물의 알은 먹는다. 대부분의 서양 채식주의자들이 이 유형에 속한다.
- 오보 베지테리언(ovo vegetarian) 고기와 유제품은 먹지 않지만 동물의 알은 먹는다.
- 베건(vegan) 고기, 유제품, 동물의 알을 포함한 모든 동물성 음식을 먹지 않는다.

슬로푸드 운동

슬로푸드(slow food) 운동은 패스트푸드 문화에 대한 반성으로 이탈리아에서 1986년 시작돼 전 세계적으로 전개되고 있는 음식 운동입니다. 대규모 단작 재배가 확산되면서 무너지고 있는 생물 다양성을 지키기 위한 프로젝트나 지역 농업과 지역 음식의 위기 속에서 소농민을 보호하기 위한 프로젝트 등을 추진 중이지요.

아울러 패스트푸드 확산에 따른 건강과 문화상의 위기를 고민하며 구체적인 대응 방안을 마련하는 데도 힘쓰고 있습니다. 먹거리의 생산자와 소비자를 연결하거나 어린이들을 대상으로 하는 미각 교육 등도 슬로푸드 운동에서 빼놓을 수 없는 실천 사항이랍니다.

로컬 푸드 운동

로컬 푸드(local food)란 지역에서 생산된 먹거리를 말합니다. 세계적 수준에서 유통·소비되는 글로벌 푸드의 대안으로 로컬 푸드를 확산시키고자 하는 음식 운동이지요. 로컬 푸드는 글로벌 푸드에 비해 이동거리가 짧기에 수송 중 방부제를 사용하지 않아 식품 안전성 측면에서도 우월합니다.

지역 농산물을 애용하자는 주장에서 세계화된 농업에 대한 진지한 반성에 이르기까지 로컬 푸드 운동도 스펙트럼이 무척 넓습니다. 그중 핵심은 먹거리의 지역 생산과 지역 소비입니다. 먹거리의 생산자와 소비자가 지리적으로 밀착된 관계여야 서로를 배려할 수 있다는 게 로컬 푸드 운동의 주된 생각이지요.

 ## 빈 그릇 운동

빈 그릇 운동은 우리나라에서 시작된 음식 운동이다. 이름 그대로 식사한 뒤 음식을 전부 먹어 그릇을 완전히 비우자는 취지다. 우리 식문화의 특성상 잔반이 많이 나온다는 점에 착안해 음식물 쓰레기를 줄이는 데 운동의 초점을 맞추고 있다.

빈 그릇 운동은 특히 일선 학교에서 호응이 좋다. 물질적으로 풍요로운 환경에서 자라난 아이들에게 먹거리에 대한 경각심을 일깨워 음식물 쓰레기를 줄이는 게 목표다. 운동에 참여한 학생들은 식판을 깨끗이 비울 때마다 스티커를 받는다. 그렇게 받은 스티커를 취합해 전체 스티커 수가 가장 많은 학년과 반에게 학교의 상품이 수여된다. 교사들은 "높아진 스티커 그래프를 볼 때마다 눈으로 직접 빈 그릇의 수치를 확인할 수 있어 처음엔 시큰둥했던 아이들도 경쟁심에서 적극적으로 참여하게 된다."라며 운동의 성과를 밝혔다.

빈 그릇 운동에 참여한 서울 홍은초등학교 학생들. 밥과 반찬을 남김없이 깨끗이 비운 모습이다(에코붓다 사진 제공).

- 식의주(食衣住)는 음식을 옷이나 집보다 더 중시하는 표현이다.
- 매일매일 음식 일지를 쓰면 자신의 식생활 패턴을 파악하고 개선하는 데 요긴하게 쓸 수 있다.
- 인간은 제대로 된 음식을 먹을 권리가 있다. 그리고 국가는 시민의 식량권을 존중하고 보호하고 충족시켜야 할 의무가 있다.
- 가족 식사는 음식문맹을 막는 데 효과적이다. 식사 예절 등 밥상머리 교육이 진행되는 장이기도 하다.
- 학교 텃밭을 통해 학생들은 작물 재배에서 수확, 조리, 식사에 이르기까지 자신만의 먹거리 스토리를 만들 수 있다.

6

CHAPTER

음식시민은 어떻게
사회에 기여할까요?

음식시민은 음식의 소중함을 아는 데 그치지 않고 행동으로 실천합니다. 예컨대 음식시민은 음식을 일정한 원칙과 기준을 가지고 구매합니다. 먼저 공정하고 윤리적으로 생산되고 유통됐는지를 봅니다. 그리고 가까운 지역에서 생산된 신선하고 병이 없는 좋은 품질의 먹거리를 고릅니다. 마지막으로 환경 보호와 동물 복지에 어긋나진 않았는지 확인합니다.

음식시민은 음식의 소중함을 아는 데 그치지 않고 행동으로 실천합니다. 예컨대 음식시민은 음식을 일정한 원칙과 기준을 가지고 구매합니다. 먼저 공정하고 윤리적으로 생산되고 유통됐는지를 봅니다. 그리고 가까운 지역에서 생산된 신선하고 병이 없는 좋은 품질의 먹거리를 고릅니다. 마지막으로 환경 보호와 동물 복지에 어긋나진 않았는지 확인합니다. 음식시민의 행동으로 몇 가지를 제시한다면 다음과 같습니다.

제철 먹거리를 먹어요

오늘날엔 제철 먹거리의 중요성이 많이 줄었지만 원래 모든 먹거리는 제철 먹거리였습니다. 농어업은 특성상 계절의 영향을 많이 받으니까요. 예전엔 1년 24절기에 맞춰 씨를 뿌리고 가꾸고 거둬들였습니다. 제철 먹거리는 그 절기에 많이 생산되기에 비교적 값도 싸고 구하기도 쉽습니다. 창고에 오래 보관한 뒤 출하하는 게 아니기 때문에 맛도 좋고 신선할 수밖에 없지요.

오늘날엔 농업 시설이 좋아지고 종자도 개량되고 화석 연료로 난방

장거리 운송을 위해 컨테이너에 실려 있는 양배추. 푸드 마일리지가 긴 음식은 운송 과정에서 화석 연료를 많이 사용해 지구 온난화를 야기한다. 보존 기간 연장을 위해 방부제를 많이 써 먹는 사람의 건강에도 좋지 않은 영향을 끼친다.

도 하니 굳이 제철이 아니더라도 작물을 생산할 수 있게 됐습니다. 한겨울에도 시장에 가면 온실에서 재배된 딸기나 수박을 볼 수 있지요. 사시사철 먹고 싶은 음식을 먹게 됐으니 살기 좋아졌다고 생각할 수도 있습니다.

하지만 이런 생산 방식은 지력을 약화시키고 에너지 자원을 낭비합니다. 온실에서 생산된 먹거리는 맛도 제철 먹거리에 비해 떨어지지요. 제철 먹거리는 인공이 아닌 자연적인 리듬의 산물이기 때문이에요. 음식시민은 우리가 잊고 있던 제철 먹거리의 소중함을 재발견하고 확산시키는 데 기여합니다.

슬로푸드를 먹어요

슬로푸드란 다음의 세 가지 기준을 충족하는 먹거리입니다. 이미 언급한 제철 먹거리도 슬로푸드라고 할 수 있지요.

첫째, 좋은 먹거리입니다. 맛도 있고 먹는 사람에게 즐거움을 가져다주는 먹거리를 말합니다. 둘째, 깨끗한 먹거리입니다. 생산과 유통 과정에서 환경을 파괴하지 않는 지속가능한 먹거리입니다. 사육 과정에서 동물 복지를 침해하지 않아야 하는 것도 중요한 점검 요소지요. 셋째, 공정한 먹거리입니다. 공정한 거래를 통해 생산자에게 충분한 보상이 돌아간 먹거리를 뜻합니다.

로컬 푸드를 먹어요

음식시민은 식재료를 구입할 때도 백화점이나 대형 마트보단 재래시장, 농민 시장, 산지 직거래를 더 애용합니다. 후자를 이용하는 게 지역경제에 더 이바지하기 때문이지요.

전문가 의견

사람들이 내 집에 오면 다른 덴 없는 게 있다는 걸 느끼는 것 같다. 음식이 좀 다르다는 거랄까? 음식엔 이상한 짓을 하지 않겠다는 게 내 철칙이자 자존심이다. 좋은 식재료를 쓰고, 굳이 말하지 않더라도 비행기로 날아온 것은 되도록 쓰지 않으려고 노력한다.

— 요리 연구가·칼럼니스트 박찬일

로컬 푸드는 생산자와 소비자 사이에 유통 단계가 적어 소비자의 식품 구입비 중 생산자에게 돌아가는 몫이 큽니다. 소비자가 지불한 먹거리 구매 대금 대부분이 인근 농촌 지역에 남아 지역 경제를 활성화하는 데 기여하지요.

먹거리의 일부를 직접 생산해요

자신이 키운 먹거리라면 아무런 걱정 없이 안심하고 먹을 수 있을 겁니다. 먹거리에 대한 불안감이 커지면서 자신의 먹거리는 직접 생산해 먹겠다는 움직임이 확산되고 있어요. 캐나다 밴쿠버 시에서는 절반이 넘는 시민들이 자기 먹거리의 일부를 개인이나 공동체 텃밭에서 직접 재배해 먹습니다. 시 정부 역시 시민들의 자가 영농을 장려하며 씨앗, 모종, 묘목 등을 제공해 주지요.

먹거리의 자가 생산은 지역의 식량 수급에도 큰 도움이 됩니다. 자가 생산율이 높아질수록 지역의 식량 자급률도 높아지니까요.

똑똑하게 구매하고 직접 조리해요

음식시민은 좋은 먹거리를 구입하는 데 돈을 아끼지 않습니다. 싼 먹거리는 그만큼 문제가 많다는 걸 잘 알기 때문이지요. 대신 꼭 필요한 만큼만 구입하기에 지출을 줄일 수 있습니다. 식재료를 필요한 만큼만 구입하면 항상 신선한 상태의 음식을 먹을 수 있다는 점도 잊지 마세요. 그리고 이렇게 구입한 제철 먹거리, 로컬 푸드, 슬로푸드는 직접 조리해 먹습니다. 조리의 즐거움을 아는 건 음식시민의 아주 중요한 특징이지요.

농민을 도우려고 노력해요

음식시민은 농업과 농민 없이는 온전한 먹거리가 생산될 수 없다는 걸 압니다. 제대로 된 먹거리를 위해서 농민을 소중히 생각하고 예우합니다. 농민들은 그 보답으로 소비자를 생각하면서 먹거리를 생산하고요. 보다 적극적인 음식시민들은 농촌을 지원하는 시민 단체에 가입해 농민들과 교류하고 가족형 농업을 유지하는 데 기여합니다.

사육되는 동물의 권리를 생각해요

음식시민은 채식을 고집하지 않습니다. 하지만 공장형 축산이 야기하는 환경 파괴와 식량 자원 낭비를 생각해 동물성 단백질을 적게 섭취하려고 노력합니다. 부족한 단백질은 콩, 귀리, 통밀 등에 많이 함유돼 있는 식물성 단백질을 섭취해 보충합니다.

음식시민은 육식을 할 때도 자연 방목으로 사육된 동물의 고기를 먹습니다. 자연 방목은 동물 복지를 보장하는 사육법입니다. 방목된 동물의 고기는 공장형 사육이 만들어 낸 고기에 비해 지방이 적고 질겨 맛은 떨어질 수 있습니다. 하지만 음식시민은 혀끝의 감미로운 맛보단 환경과 생태를 고려한 맛을 더 중시합니다.

음식물을 낭비하지 않아요

음식시민은 크기나 모양이 원하는 형태가 아닌 식재료도 버리지 않습니다. 조리하는 과정에서도 가급적 낭비가 없도록 자투리 하나하나도 활용합니다. 식재료는 가급적 껍질까지 먹습니다. 껍질에는 영양분이 많고 이로써 음식물 쓰레기도 줄일 수 있으니까요.

음식시민이 만들어 가는 사회

음식시민은 스스로 건강과 행복을 누리는 건 물론 주변 사람과 지역 사회에도 긍정적인 영향을 가져다줍니다. 나쁜 음식과 나쁜 식생활이 비만, 의료비 증대, 노동력 손실, 화석 연료 낭비, 환경 오염, 지구 온난화를 가져온다는 걸 잘 압니다. 지속가능한 식생활을 통해 사회를 지속가능하게 만듭니다.

좋은 먹거리가 확산돼요

음식시민은 좋은 먹거리의 생산을 촉진합니다. 좋은 음식을 구입하는 행동은 하나의 투표 행위가 돼 농어민에게 좋은 음식을 생산해 달라는 신호가 되기 때문입니다. 먹거리는 특성상 생산자가 아무리 좋은 걸 생산한다고 해도 그것을 사는 사람이 없으면 지속가능하지 않습니다. 일단 공산품처럼 신선하게 장기간 보관하는 게 쉽지 않지요. 또 연중 재배 시기가 돌아오면 재고가 있어도 생산해야 하기 때문에 판매가 부진하면 큰 손해를 입기도 쉽습니다. 따라서 먹거리는 생산 못지않게 소비가 중요한데 음식시민들은 좋은 먹거리를 구매함으로써 농어민이 신이 나서 일할 수 있게 도와줍니다.

전통 음식이 보전돼요

전통 음식은 조상들이 남긴 지혜의 산물입니다. 가령 우리나라의 장

우리의 전통 장독대 모습. 장류는 대표적인 슬로푸드다. 된장, 청국장, 간장 등 전통 발효 식품은 면역력을 강화하고 살균, 항암, 장 청소 효과 등이 있는 것으로 알려져 있다.

류는 현대 과학의 관점에서 봐도 거의 완벽한 식품으로 알려져 있지요. 하지만 이렇게 소중한 우리의 전통 음식이 사라질 위기에 처해 있습니다. 전통 음식의 맛을 기억하는 사람도 많이 줄었고 만드는 방법도 전수되지 않고 있기 때문이지요.

집에서 담가 먹던 간장이 양조간장으로 대체되고 김치도 공장에서 만든 김치가 대신하고 있습니다. 심지어 중국에서 만든 김치가 대량으로 수입되고 있지요. 예전에는 각 가정마다 고유한 맛을 지닌 간장, 된장, 고추장, 김치가 있었는데 이젠 기본적인 밑반찬조차 표준화되고 상품화된 맛의 지배를 받게 됐습니다.

각 국가의 전통 음식은 그 나라를 대변하는 정체성을 가지고 있습니다. 프랑스의 포도주, 독일의 맥주, 일본의 스시, 중국 베이징 오리구이, 한국의 김치가 그렇지요. 음식시민은 전통 음식의 보전에 관심을 기울입니다. 전통 음식을 만드는 법을 배우고 직접 만들어 먹습니다. 전통 음식의 가치와 제조법을 자녀들에게 가르쳐 미래 세대도 전통 음식의 보전에 관심을 갖도록 이끕니다.

> ### 알아두기
>
> 근래 들어 중국산 김치 수입이 크게 늘고 있다. 2010년 19만 8,000천 톤이던 게 2011년엔 23만 톤으로 급증했다. 수입 김치가 늘면서 중국산 김치를 국산 김치로 표시하는 등 원산지 표기를 위반하는 경우도 늘고 있다.

지역 농업이 바로 서요

농업은 특정 지역의 땅, 물, 기후, 영농 문화에 기초하고 있습니다. 농업은 본래 지역 농업이었고 인류가 농사를 시작한 이래 이 원칙은 지켜져 왔지요. 지역의 가족농은 자본주의 체제하에 출현한 세계화된 기업농에 비해 지속가능하며 지역의 식량 보장에도 기여합니다.

음식시민은 단순히 시장에서 먹거리를 구매하는 데 그치지 않고 지역 농업의 조력자가 됩니다. 공동체 지원 농업에 참여해 지역 농민들과 영농 위험을 공유합니다. 예컨대 1년 치의 꾸러미 값을 미리 치르고 작

■ 자신을 살리고 사회를 살리는 길은 음식시민이 되는 것이다.

황이 부진할 때 꾸러미를 받지 않는 데 동의합니다. 농사는 농민만 짓는 게 아니며 사회 공동체의 구성원 모두가 함께하는 것이라고 생각하니까요. 음식시민의 이런 노력은 농민들이 어려운 중에도 지역 농업을 유지하는 데 큰 도움이 됩니다.

- 제철 먹거리는 그 절기에 많이 생산되기에 값도 싸고 구하기도 쉽다.
- 슬로푸드는 좋고, 깨끗하고, 공정한 먹거리다.
- 된장, 청국장, 간장 등 우리의 장류는 대표적인 슬로푸드다.
- 음식시민은 백화점, 대형 마트보단 재래시장, 농민 시장 등을 이용한
  다. 후자가 지역 경제에 더 보탬이 되기 때문이다.

용어 설명

광우병 소에게서 발생하는 병. 뇌 조직에 구멍이 생겨 소가 난폭한 행동을 하거나 잘 걷거나 서지 못하는 등의 증상을 보이다가 죽는다.

규모의 경제 생산 규모가 증가함에 따라 생산비에 비해 생산량이 더 크게 증가하면서 생기는 경제적 이익. 대량 생산을 통해 1단위당 비용을 줄이고 이익을 늘리는 방법이 일반적이다. 규모에 대한 수익(returns to scale)이라고도 한다.

로컬 푸드 장거리 운송을 거치지 않은 지역 농산물. 먹거리 생산자와 소비자 사이의 거리가 짧은 게 특징이다. 미국의 100마일 다이어트 운동, 일본의 지산지소(地産地消) 운동이 대표적이다. 국내에선 2008년 전북 완주군이 최초로 도입한 바 있다.

먹거리 사람이 살아가기 위해 먹는 온갖 것.

메탄가스 미생물이 동식물 등 유기 물질을 분해할 때 생성되는 가스. 생물체에 의해 만들어진다는 이유로 바이오 가스라고 불리기도 한다. 색이나 냄새가 없고 물에 녹지 않으며 공기 중에 불을 붙이면 파란 불꽃을 내며 탄다. 이산화탄소와 마찬가지로 온실 효과를 일으키기 때문에 배출량을 줄이려는 노력이 진행 중이다. 전 세계적으로 연간 5억 톤 정도 발생한다.

비만세 비만의 원인이 되는 식품에 부과하는 세금. 덴마크가 2011년 세계 최초로 도입한 바 있다. 버터, 우유, 식용유는 물론 육류에서 각종 즉석식품에 이르기까지 포화 지방을 함유한 모든 식품이 적용 대상이다.

살처분 가축의 법정 전염병 중 특히 심한 질병의 만연을 막기 위해 쓰는 예방법. 감염된 동물, 접촉한 동물, 같은 축사의 동물을 모두 도살한다. 구제역, 가금 콜레라, 가금 페스트 등이 발생할 때 실시하고 있다.

성장 호르몬 포유류의 성장을 촉진하는 단백질 호르몬. 뇌하수체 앞부분에서 분비되는데 소아기에 과잉 분비되면 거인증이, 부족하면 소인증이 발생한다. 성인이 된 뒤에 과잉 분비되는 경우도 있는데 이럴 경우 말단 비대증이 생긴다.

슬로푸드　지역에서 제철에 생산된 식재료로 만든 음식. 건강에 좋고 환경을 훼손하지 않으며 생산자에게 정당한 대가를 지불한 먹거리를 의미한다. 패스트푸드의 상대적인 개념으로 사용된다.

식량권　인간이 건강하고 활동적으로 생활하기 위해 충분한 정도의 식량에 접근할 권리. 식량권은 기본 인권의 하나로 중요한 의미를 갖는다. 인간이라면 누구나 좋은 음식을 먹을 기본권이 있고 정부는 그런 음식을 공급할 의무가 있다.

식품 첨가물　식료품을 제조·가공할 때 맛이나 영양 가치를 높일 목적으로 넣는 물질. 조미료, 착색료, 보존료 등이 있다.

유전자 조작 식품　유전 공학 기술을 이용해 생산량을 늘리거나 유통·가공이 편리하도록 만들어진 식품. 기존의 육종법으론 나타날 수 없는 형질이나 유전자를 갖고 있다. 제2의 녹색 혁명으로 불리며 식량 문제를 해결할 대안으로 주목받고 있지만 안전성 논란도 함께 일고 있다.

인스턴트식품　간단히 조리할 수 있고 저장과 휴대도 간편한 가공식품. 냉동·건조 기술의 발달로 품질 손상 없이 조리 가능하며, 장기 보존에도 견딜 수 있도록 개량됐다.

자유 무역 협정　국가 간에 자유로운 교역을 위해 무역 장벽을 제거하는 협정. Free Trade Agreement의 머리글자를 따서 흔히 FTA로 약칭한다. 미국, 캐나다, 멕시코가 체결한 북미 자유 무역 협정이나 한국과 미국 간의 한미 자유 무역 협정이 대표적이다.

주의력 결핍 과잉 행동 장애　아동기에 주로 나타나는 발달성 소아 정신 질환. 주의력이 부족하고 지나치게 산만하며 감정 조절을 어려워한다. 제때 치료하지 않으면 아동기 내내 어려움이 지속되고 청소년기와 성인기까지 증상이 이어질 수 있다. 뇌 신경 전달 물질 이상이 가장 유력한 원인으로 꼽히고 있으며 뇌 신경 손상, 뇌 활동의 불균형, 유전적 요인도 한 원인으로 알려져 있다.

지구 온난화 지구 표면의 평균 온도가 상승하는 현상. 땅이나 물속의 생태계가 변하거나 해수면이 올라가 해안선이 달라지는 등 기온 상승에 따라 발생하는 모든 문제를 총칭해 부르기도 한다.

채식주의 육류를 피하고 채소, 과일, 해초 등 식물성 음식을 먹는 식생활이 좋다고 생각하는 삶의 태도. 육식주의의 상대적인 개념으로 사용된다. 인도를 중심으로 한 동양의 채식주의는 종교적 교리에 기초해 대단히 엄격한 반면 서양의 채식주의는 지나친 육식 섭취에 따른 반성에서 출발한 것으로 달걀, 유제품, 생선 등을 먹는 걸 허용하는 경우도 있다.

패스트푸드 주문하면 즉시 조리돼 나오는 식품을 통틀어 이르는 말. 햄버거, 프라이드 치킨, 피자 따위를 가리킨다.

푸드 마일리지 식품 수송량에 생산지에서 소비지까지의 수송 거리를 곱한 개념. 식품을 수송하는 과정에서 발생하는 환경 부담 정도를 나타내는 지표다. 푸드 마일리지가 높다는 건 그만큼 많은 양의 식품을, 항공기나 선박을 이용해 먼 지역에서 옮겨 왔음을 의미한다.

음식문맹 지표

- 음식(식재료)을 모른다.
- 식재료의 원산지를 확인하지 않는다.
- 먹는 것과 못 먹는 것을 구분하지 못한다.
- 음식이 중요하다고 생각하지 않는다.
- 음식을 만든 사람에 대해 감사하게 생각하지 않는다.
- 음식에 대해 성찰하지 않는다.
- 음식보다 옷을 더 중시한다(식의주가 아니라 의식주).
- 음식 문화를 알지 못한다.
- 가족 식사의 중요성을 알지 못한다.
- 음식 문화의 다양성을 모른다.
- 음식에 대한 자기중심주의에 빠져 있다.
- 식품을 구입할 때 재료 표시를 확인하지 않는다.
- 식량권을 모르며 기본 인권으로 인식하지 못한다.
- 음식의 생산·유통·소비가 끼치는 영향을 모른다.
- 다른 상품과 마찬가지로 음식도 상품으로 여긴다.
- 음식과 건강의 관계를 모른다.
- 음식과 환경의 관계를 모른다.
- 음식 선택의 기준을 가지고 있지 않다.
- 먹거리의 단순한 소비자다.
- 식품 광고에 전적으로 의지한다.
- 음식 교육을 받은 적이 없다.

- 싼 음식을 선호한다.
- 음식에 대한 관심과 애착이 적다.
- 식사를 중요하게 여기지 않는다.
- 식사를 대충한다.
- 식사 시간이 짧다.
- 음식을 만들어 먹는 것보다 인스턴트식품을 선호한다.
- 음식에 대한 지출을 아깝게 생각한다.
- 실제로 음식에 대해 덜 지출한다. 음식보다 중요하지 않은 것에 더 지출한다.
- 조리할 줄 모른다. 본인이 직접 할 수 있는 요리가 적다.
- 지역 음식에 대한 미각을 가지고 있지 않다.
- 농업의 가치를 모른다.
- 농업을 자신과 무관한 것으로 생각한다.
- 음식 윤리를 모른다.
- 식사 매너를 모른다.
- 음식 선택과 식사와 관련해 편리함만을 추구한다.
- 유전자 조작(GMO) 식품이 안전하다고 생각한다.
- 지역 음식 운동에 참여할 의사가 없다.

더 알아보기

바른먹거리 확인 캠페인 goodfood.or.kr

국내의 한 식품 회사가 주도하는 교육 캠페인이다. 스스로 먹거리를 선택하기 시작하는 초등학교 어린이에게 바른 먹거리는 무엇인지, 식품을 선택할 때 유통 기한, 영양 성분 표시 등을 확인하도록 알려 준다. 홈페이지를 통해 다른 나라의 식품 교육에 관한 다양한 동영상과 자료를 볼 수 있다. 개인, 단체별로 별도의 교육 신청도 할 수 있다.

슬로푸드문화원 slowfoodkorea.tistory.com

좋고 깨끗하고 공정한 음식을 추구하는 슬로푸드의 기본 철학을 바탕으로 교육, 체험, 연구 사업을 전개하는 사단 법인이다. 농림축산식품부가 지정한 식생활 교육 기관이기도 하다. 대표적인 교육 프로그램으로 슬로푸드 매니저 과정, 지미(知味) 교육 전문가 과정, 청소년 슬로푸드 조리 교실 등이 있다.

식생활교육국민네트워크 greentable.or.kr

식생활에 관한 국민들의 바른 이해를 도울 목적으로 설립된 사단 법인이다. 국민 건강 증진, 환경 생태계 보전, 농어업 활성화 등이 주요 설립 이유다. 이를 위해 국민 개개인의 식생활 향상 사업, 전통 식문화 계승 발전 사업, 농어촌 활성화 사업, 식량 자급률 제고 사업 등을 수행 중이다.

에코붓다 jungto.org

1990년대부터 불교의 생명 존중 사상을 바탕으로 새로운 환경 윤리를 정립하는 데 심혈을 기울여 왔다. 특히 1999년 이후 쓰레기 제로 운동을 통해 소비주의적 생활 양식을 반성하면서 대안적 사회상을 제시하고 있다. 최근에는 빈 그릇 운동과 지렁이를 이용한 음식물 쓰레기 퇴비화 사업에 중점을 두고 있다.

찾아보기

내인생의책은 한 권의 책을 만들 때마다
우리 아이들이 나중에 자라 이 책이 '내 인생의 책'이라고 말할 수 있는 책을 만들고자 합니다.

세상에 대하여 우리가 더 잘 알아야 할 교양
㉗ 음식문맹 왜 생겨난 걸까?

김종덕 글

초판 발행일 2013년 08월 15일 | 제3쇄 발행일 2017년 08월 04일
펴낸이 조기룡 | 펴낸곳 내인생의책 | 등록번호 제10-2315호
주소 서울시 마포구 동교로12길 3, 2층
전화 (02)335-0449, 335-0445(편집) | 팩스 (02)6499-1165

ISBN 978-89-97980-49-9 (44300)
      978-89-91813-19-9 (세트)

책값은 뒤표지에 있습니다. 잘못된 책은 구입처에서 바꾸어 드립니다.

이 도서의 국립중앙도서관 출판시도서목록(CIP)은 e-CIP 홈페이지(http://www.ml.go.kr/ecip)에서 이용하실 수 있습니다.
(CIP제어번호 : 2013011883)

내인생의책에서는 참신한 발상, 따뜻한 시선을 가진 원고를 기다리고 있습니다. 원고는 내인생의책
전자우편이나 홈카페를 이용해 보내 주세요. 여러분의 소중한 경험과 지식을 나누세요.

전자우편 bookinmylife@naver.com | **홈카페** http://cafe.naver.com/thebookinmylife

어린이제품안전특별법에 의한 제품 표시
제조자명 내인생의책 | **제조년월** 2017년 08월 | **제조국** 대한민국 | **사용연령** 5세 이상 어린이 제품
주소 및 연락처 서울시 마포구 동교로12길 3, 2층 02 335-0449

세더잘 23

국가 정보 공개 어디까지 허용해야 할까?

케이 스티어만 글 | 황선영 옮김 | 전진한 감수

국민은 국가의 정보를 알 권리가 있다.
vs 시민의 생명과 재산을 위해 비밀 유지가 필요할 때도 있다.

이 책은 정보공개제도 확대의 역사와 찬반 논쟁에서 실제 정보공개를 청구하는 방법에 이르기까지 아주 꼼꼼히 기술했습니다. 더불어 정보공개제도가 시행됨에 따라 공무원들의 사생활이 침해되는 등 제도가 가지는 몇몇 문제점도 함께 고민하며 사고의 깊이를 더했습니다.

세더잘 22

줄기세포 꿈의 치료법일까?

피트 무어 글 | 김좌준 옮김 | 김동욱, 황동연 감수

줄기세포는 질병 퇴치와 수명 연장의 꿈을 실현해 줄 것이다.
vs 윤리적 논란과 안전성 문제가 해결되지 않는 한 섣부른 기대다.

줄기세포는 꿈의 치료법으로 기대를 모으며 국가적으로 지원받고 있는 의료 분야의 화두입니다. 이 책은 줄기세포에 대한 과학적 지식은 물론, 줄기세포 연구를 이해할 때 수반되는 동물 실험이나 유전 공학, 인간 복제, 민간 자본 개입 문제에 대해서도 자연스레 꿰어 감으로써 21세기 생명과학과 생명윤리 전반에 대한 기초 소양을 쌓게 해 줍니다.

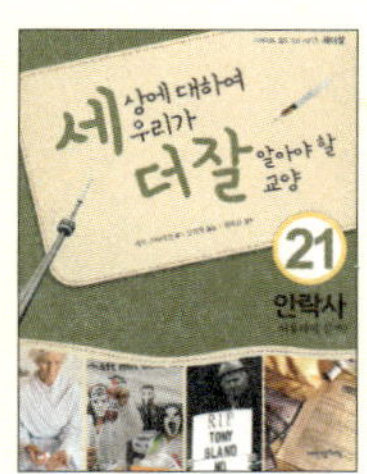

세더잘 21

안락사 허용해야 할까?

케이 스티어만 글 | 장희재 옮김 | 권복규 감수

안락사는 가면을 뒤집어쓴 살인 행위에 불과하다.
vs 인간은 품위 있는 죽음을 선택할 수 있어야 한다.

이 책은 안락사 전반을 둘러싼 사회문화적, 철학적 쟁점들을 균형 있게 살펴보면서 삶과 죽음의 문제에 접근합니다. 안락사를 현대 의학의 효율성과 경제적 측면에서 바라보는 것이 아니라 삶과 죽음이라는 커다란 그림 안에서 바라보게 하는 것이지요. 끝없이 계속되는 안락사 찬반 논쟁을 살펴보면서 삶의 소중함을 깨달아 봅시다.

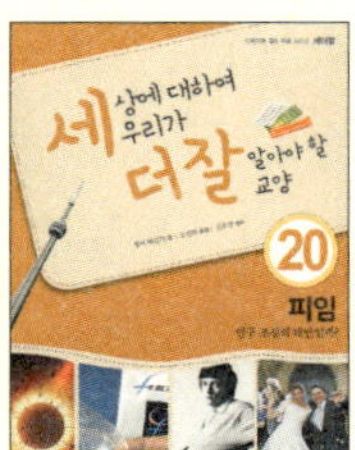

세더잘 20

피임 인구 조절의 대안일까?

재키 베일리 글 | 장선하 옮김 | 김호연 감수

태아는 태어날 권리가 있다.
vs 피임은 인간다운 삶의 필요조건이다.

피임과 인구 문제는 서로 어떤 연관성이 있을까요? 중국의 '한 자녀 정책'과 같은 국가 차원에서의 피임 정책이 인구 증가를 잡는 해결책이 될 수 있을까요? 출산율을 잡으려다 자칫 태아의 생명권만 침해하는 건 아닐까요? 일반적인 청소년 교양서들이 피임과 인구 문제를 분리해서 다루는 데 비해 이 책은 두 주제 간에 통합적인 사고를 이끌어 내는 게 특징입니다.

세더잘 19

유전 공학 과연 이로울까?

피트 무어 글 | 서종기 옮김 | 이준호 감수

유전 공학 기술의 발전과 활용은 반드시 필요하다.
vs 생물의 기본 구성 요소를 건드리는 것은 위험한 일이다.

인류는 인간의 삶에 유용하도록 동식물의 유전자를 변형시켜 왔습니다. 복제 양 돌리가 탄생하고 우유를 많이 생산해 내는 젖소와 육질이 풍부한 소는 물론 털이 빨리 자라는 양과 병해충과 농약에 강한 농작물 등이 바로 그 결과물입니다. 유전 공학의 발전으로 생명 연장의 길이 열리게 되었다고 열광하는 사람들도 있습니다. 이처럼 날로 발전하는 유전 공학의 기술이 과연 인간에게 이로운 것인지에 대해 함께 토론해 봅시다.

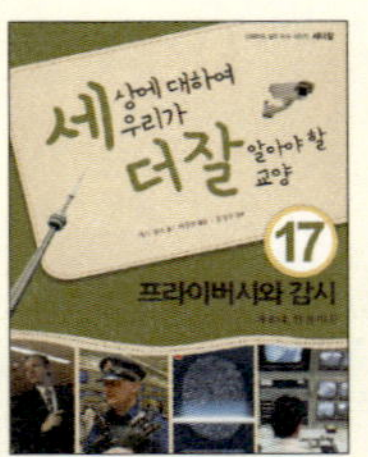

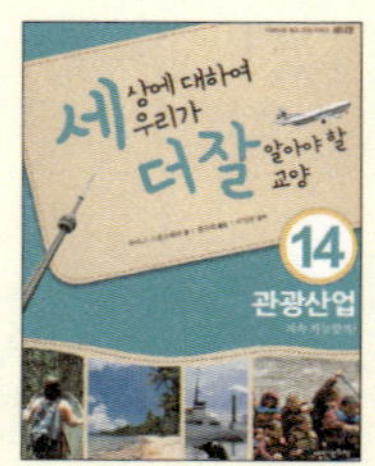

세더잘 13

동물실험 왜 논란이 될까?

페이션스 코스터 글 | 김기철 옮김 | 한진수 감수

동물실험은 과학과 의학의 진보를 위해 반드시 필요하다.
vs 동물실험은 무의미하게 생명을 죽이므로 폐지해야 한다.

동물실험은 새로이 개발된 의약품이나 화학물질 등을 시판하기 전, 그 안전성을 검증하기 위해서 거치는 과정입니다. 인류는 수많은 동물의 희생으로 건강한 삶을 얻었습니다. 그러나 그 희생이 과연 윤리적으로 합당한지는 생각해 볼 문제입니다. 첨예한 논란을 일으키는 동물실험의 찬반양론을 명쾌하게 정리한 이 책을 읽고 과학 윤리에 대해 생각해 봅시다.

세더잘 12

군사 개입 과연 최선인가?

케이 스티어만 글 | 이찬 옮김 | 김재명 감수

군사 개입은 인권 보호를 위해 필요하다.
vs 군사 개입은 다른 나라의 주권을 침해할 뿐이다.

군사 개입은 세계에서 가장 논란이 되는 문제 중 하나입니다. 군사 개입으로 인해 사람이 죽고 공동체가 파괴되기 때문이지요. 폭력을 막기 위해 또 다른 폭력을 사용해도 될까요? 전쟁에 시달리고 있는 지구촌이 평화를 되찾는 법은 없을까요? 이 책은 국제 사회의 뜨거운 감자, 군사 개입을 다루며 지구촌 폭력과 평화에 대해 폭넓게 성찰하게 합니다.

세더잘 11

사형제도 과연 필요한가?

케이 스티어만 글 | 김혜영 옮김 | 박미숙 감수

사형은 국가가 행하는 합법적인 살인이므로 폐지되어야 한다.
vs 사형은 범죄를 억제하는 가장 효과적인 방법이므로 존치시켜야 한다.

사형제도 존폐를 둘러싼 팽팽한 논쟁은 지금도 이어지고 있습니다. 이 책은 사형제도 존폐론 외에도 사형 집행의 과정을 생생한 사례와 구체적인 논거로 철저히 분석합니다. 과연 사형에서 공정한 집행이 이루어지고 있는지, 오류는 없는지 등을 포함해, 사형제도를 둘러싼 국제적 이슈를 담아냈습니다. 이 책을 읽고 사형제도에 대한 자신만의 생각을 정립해 봅시다.

세더잘 10

성형수술 외모지상주의의 끝은?

케이 스티어만 글 | 김아림 옮김 | 황상민 감수

미용 성형 산업을 객관적인 시선으로 바라보도록 도와주어
현대 사회에 대한 근본적인 물음을 던지게 하는 책

성형 수술의 역사, 의미, 효과, 역사적 배경, 성형 산업의 현실 등을 상세하게 설명해 미용 성형에 대해 스스로 생각하고 합리적으로 판단할 수 있는 힘을 길러줍니다. 마땅히 '수정되어야 할 몸'에 대한 끊임없는 강박과 열등감이 만연한 현대 사회를 어떻게 바라봐야 할지 다시 한 번 깊이 생각하게 해 줄 것입니다.

세더잘 09

자연재해 인간과 자연이 공존하는 길은?

안토니 메이슨 글 | 선세갑 옮김

자연재해에 관한 사회·과학 통합서
'자연 대 인간'에서 '자연과 인간'으로!

이 책은 자연재해의 유형과 원인을 과학 원리로 설명하고, 피해자 구조나 복구 과정, 방재 대책 등에 관해 체계적으로 살펴봅니다. 또한 자연재해의 이면에 숨어 있는 정치·경제적인 논의와 함께 인간의 무분별한 행태가 재해를 부추기는 면도 지적하며 인문학적인 성찰을 유도합니다.

청소년을 위한 세계경제원론

이론과 현실을 조화롭게 아우른 생생한 세계경제원론서!

바바라 고트프리트 홀랜더 외 글 I 김시래, 유영채 옮김 I 이지만 감수
각 권 84~104쪽 I 각 권 10,000~12,000원

01 경제학 입문
수요와 공급에서부터 사업 조직, 대출과 이자, 중앙은행과 정부의 역할, 경제 체제 그리고 무역에 이르기까지 경제학의 기본 개념을 배우며 경제를 보는 눈을 기릅니다.

02 금융 시장
금융 시장의 개념과 작동 원리, 투자의 기본적인 기능과 예금, 적금, 주식, 채권 등 보상과 위험이 공존하는 다양한 금융 투자의 세계를 알아봅시다.

03 경제 주기
경제 주기란 무엇이며 경기가 호황인지 불황인지를 어떤 지표로 판단하는지 배웁니다. 세계경제가 어떻게 변화해 왔는지와 더불어 현재 세계경제가 처한 상황도 짚어 봅니다.

04 세계화의 두 얼굴
시장과 무역의 역사, 세계화가 노동자와 기업, 선진국과 개발 도상국, 환경과 문화 등 사회 전반에 미치는 영향과 부작용, 문제를 해결해 나가기 위해 함께 노력하는 국제 사회의 모습을 살펴봅니다.

★서울시교육청 추천도서 ★한국간행물윤리위원회 선정도서